동화로 배우는 Level up! 러시아어

차예나 지음 · 야콥레바 류드밀라 감수

S 시원스쿨닷컴

동화로 배우는
Level up! 러시아어

초판 1쇄 발행 2022년 10월 25일

지은이 차예나
감수 야콥레바 류드밀라
펴낸곳 (주)에스제이더블유인터내셔널
펴낸이 양홍걸 이시원

홈페이지 www.siwonschool.com
주소 서울시 영등포구 국회대로74길 12 남중빌딩 시원스쿨
교재 구입 문의 02)2014-8151
고객센터 02)6409-0878

ISBN 979-11-6150-642-5
Number 1-540210-18181807-06

Привет! Учитель Е На입니다.

<동화로 배우는 Level up! 러시아어> 강의와 교재로 만나 뵙게 된 여러분, 무척 기쁘고 반갑습니다.

2014년 1월 이후, 우리나라와 러시아의 비자 면제 협정이 발효되면서, 여러분들이 러시아를 방문하고자 한다면 언제든지 그 유명한 모스크바의 '붉은 광장 Красная площадь'이나 상트페테르부르크에 위치한 '에르미타주 미술관 Эрмитаж'에 직접 갈 수 있게 되었습니다.

우리나라에서도 러시아인 또는 러시아어 언어권 국가의 원어민들을 점점 더 많이 만날 수 있게 되었고, 쉽게 교류할 수 있게 되었지요.

또한 러시아어 구사자 및 지역 전문가들을 채용하는 회사도 계속해서 늘어나고 있는 등 러시아어권에 대한 대중들의 관심은 날이 갈수록 늘어가고 있습니다. 멀게만 느껴지던 러시아라는 나라가 어느 순간 무척 가깝게 느껴지는 나라가 된 것이죠.

제가 처음 러시아어에 입문할 때만 해도, 러시아어는 전혀 대중적이지 않았고 강의는커녕 교재의 종류도 다양하지 않았습니다. 함께 러시아어를 배우기 시작한 동기들 대부분이 초반에 학습에 어려움을 겪고, 금세 지루함을 느꼈던 것이 지금 생각해 보면 매우 당연한 일이었어요. 특히 기본기를 어느 정도 떼었다고 생각했는데, 중고급으로 Level up! 하는 과정에서 무척 막막하고 힘들었던 기억이 납니다.

저 역시 그러한 난관을 직접 느끼고 해결해 가며 노하우를 쌓았고, 특히 어떻게 하면 중급 이상의 러시아어까지 쉽고 재밌게, 최대한 부담없이 배울 수 있을까 고민을 거듭했습니다. 동화라는 매개체를 선정하고 나서도 줄거리 문장 엄선, 딱 맞는 어휘 선별, 가려운 곳을 긁어 주는 Tip 집필, 연습 문제 하나까지 고민을 놓을 수 없었고, 스스로 부딪쳐 가며 효과를 거두었던 모든 학습법을 종합하고 추려서 녹여 내고자 하였습니다.

<빨간 모자>, <신데렐라>, <백설 공주> 등 유명한 동화들을 토대로 원어민의 음성 파일 청취, 실용성 높은 회화 위주의 학습, 다양한 방식의 복습을 통해 러시아어를 즐겁게 공부하실 수 있도록 준비해 보았습니다. 이 책을 통해 여러분들이 더 빨리 러시아어에 친숙해지고, 나아가 동화에서 맛볼 수 있는 감동과 재미, 교훈까지 음미하실 수 있길 바랍니다.

본서에 담은 저의 노력이 러시아어를 배우고자 하는 분들께 작은 힘이 되길 바랍니다.

저자 *Yena*

오늘의 줄거리

오늘 학습할 동화를 미리 살펴봅니다. 그림을 보면서 줄거리를 떠올려 보고, 오늘 어떤 내용을 학습하게 될지 추측해 보세요.

오늘의 목표 문장 미리 보기

오늘 학습할 중요한 어휘나 표현, 문법 등이 담긴 목표 문장입니다. 학습하기 전에 훑어보며 중요한 내용이 무엇일지 파악해 보세요. 학습이 끝난 뒤에 책을 덮고 목표 문장을 떠올려 보며, 오늘 학습한 내용을 복습해 보는 것이 좋습니다.

오늘의 동화 속으로

동화를 읽으며 핵심 내용을 학습하세요. Mp3 파일을 다운 받아 원어민의 음성을 들으며 따라 읽어 보세요. 원어민의 정확한 발음을 들으며 쉐도잉까지 하면 러시아어 LEVEL UP!

Слова

동화에 나오는 중요한 어휘나 표현, 문법을 정리했습니다. 러시아어 중급 단계에서 반드시 학습해야 할 내용이니 꼼꼼하게 정리해 보세요.

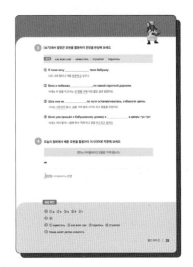

오늘의 퀴즈로 마무리하기

퀴즈를 풀어 보며 오늘 배운 내용을 점검할 수 있습니다. 객관식 문제, 밑줄 친 부분에 들어갈 말을 고르는 문제, 작문 문제 등 다양한 문제를 풀어 볼 수 있습니다.

특별부록

미니북

러시아어 동화 텍스트만 발췌한 미니북으로 간편하게 들고 다니며 언제 어디서나 학습할 수 있습니다.

컬러링북

본서의 그림 중 주요 장면을 추린 컬러링북입니다. 그림에 색칠하며 힐링하는 시간을 가져 보세요~

<동화로 배우는 Level up! 러시아어>
저자 직강으로 공부해 보세요!

시원스쿨 러시아어 홈페이지(http://russia.siwonschool.com)에서 Yena 선생님의 강의를 만나 보세요!

알파비트와 발음

러시아어 문자는 자음21개, 모음10개, 부호 2개로 구성되어 총 33개의 알파비트가 있습니다.

알파비트	발음	예시 단어
А а	[a] 아	август(아-브구스트): 8월
Б б	[b] ㅂ	балет(발렛-): 발레
В в	[v] v ㅂ	вера(v베-라): 믿음
Г г	[g] ㄱ	гусь(구스): 거위
Д д	[d] ㄷ	дом(돔): 집
Е е	[je] 예	день(젠): 낮
Ё ё	[jo] 요	ёлка(욜-까): 크리스마스 트리
Ж ж	[ž] ㅈ	журнал(주르날-): 잡지
З з	[z] z ㅈ	зима(z 지마-): 겨울
И и	[i] 이	игра(이그라-): 놀이
Й й	[j] (이)	йогурт(이오-구르뜨): 요구르트
К к	[k] ㄲ	кошка(꼬-쉬까): 고양이
Л л	[l] ㄹ	луна(루나-): 달
М м	[m] ㅁ	май(마이): 5월
Н н	[n] ㄴ	наука(나우-까): 과학
О о	[o] 오	осень(오-씬): 가을
П п	[p] ㅃ	папа(빠-빠): 아빠
Р р	[r] ㄹ	рыба(릐-바): 물고기
С с	[s] ㅆ	семь(쎔): 칠
Т т	[t] ㄸ	там(땀): 저기에
У у	[u] 우	Украина(우끄라이-나): 우크라이나
Ф ф	[f] ㅍ	фирма(피-르마): 회사
Х х	[x] ㅎ	характер(하락-쩨르): 성격
Ц ц	[t̂c] ㅉ(ts)	центр(쩬뜨르): 중심, 수도

Ч ч	[č] 치(ch)	**чай**(촤이): 차
Ш ш	[š] 시치(sh)	**шум**(슘): 소음
Щ щ	[šč] 싯(s')	**щит**(s'싯): 방패
ъ	–	**объём**(아브/욤): 넓이
ы	[y] 의	**мы**(믜): 우리
ь	–	**дверь**(드베-ㄹ): 문
Э э	[e] 에	**это**(에-따): 이것
Ю ю	[ju] 유	**юрист**(유리-스뜨): 법률가
Я я	[ja] 야	**ясный**(야-스늬이) 빛나는, 뚜렷한

발음 규칙

1 모음

러시아어에는 총 10개의 모음이 있으며 경모음 5개, 연모음 5개로 이루어져 있습니다.

경모음		연모음	
А а	**запись** (z자-삐씨): 필기, 메모	Я я	**дядя** (쟈-쟈): 삼촌, 아저씨
Э э	**экономика** (이까노-미까): 경제	Е е	**место**(메-쓰따): 장소
Ы ы	**сыр** (씌-르): 치즈	И и	**книга**(끄니-가): 책
О о	**осень**(오-씬): 가을	Ё ё	**самолёт**(싸말룟-): 비행기
У у	**улица** (울-리짜): 길, 거리	Ю ю	**ключ**(끌류-ㅊ): 열쇠

2 자음

러시아어의 자음은 모두 21개입니다. 소리가 나는 위치에 따라 유성 자음과 무성 자음으로 분류할 수 있습니다.

유성음	б	в	г	_	д	з	_	ж	_	_	л	м	н	р	й
무성음	п	ф	к	х	т	с	ц	ш	ч	щ	_	_	_	_	_

2-1 **두입술소리:** 두 입술로 공기의 흐름을 막았다가 열면서 내는 소리

П п	папа (빠-빠): 아빠		М м	мама(마-마): 엄마
Б б	брат(브랏): 형제			

2-2 **이-입술 소리:** 아랫입술을 윗니에 살짝 댔다가 떨어뜨리면서 내는 소리

В в	вода(v바다-): 물		Ф ф	фея(폐-야): 요정

2-3 **잇소리:** 혀끝을 윗니 안쪽에 댔다가 떨어뜨리면서 내는 소리

Т т	торт(또-르뜨): 케이크		З з	золото(z졸-라따): 금
Д д	дом(돔): 집		Н н	нос(노쓰): 코
С с	сон(쏜): 잠, 꿈		Л л	луна(루나-): 달

2-4 **잇몸소리:** 혀끝을 윗잇몸에 댄 상태에서 내는 소리

Р р	Россия(라씨-야): 러시아		Ш ш	школа(sh쉬꼴-라): 학교
Ж ж	живот(쥐보뜨): 복부, 배		Ц ц	центр(쩬뜨르): 중심

2-5 **센입천장소리:** 혓몸 앞부분을 입천장 앞쪽에 댔다가 떼면서 내는 소리

Ч ч	час(촤스): 시간		Й й	май(마-이): 5월
Щ щ	щека(s'시까-): 볼, 뺨			

2-6 **여린입천장소리:** 혀의 뿌리 부분을 여린입천장에 댔다가 떼면서 내는 소리

К к	карта(까-르따): 카드, 지도		Х х	хлеб(흘렙): 빵
Г г	газета(가z제-따): 신문			

2-7 **경음 부호와 연음 부호**

러시아어에 존재하는 경음 부호와 연음 부호는 실제 음가를 갖지 않습니다. 경음 부호와 연음

부호는 우리가 발음해야 할 알파벳 뒤에 위치하여, 앞에 놓인 자음이 경자음인지 연자음인지 나타내는 보조적인 역할을 합니다. 추가로, 경음 부호와 연음 부호는 단어의 맨 첫 철자로 절대 사용될 수 없다는 점도 기억하시기 바랍니다.

- **경음 부호(твёрдый знак)**: 한 단어 내에서 경음 부호의 앞과 뒤 사이의 경계 역할을 하며, 발음할 때 부호가 있는 앞부분과 뒷부분을 서로 나누어 분리함으로 연모음 앞에 있는 자음의 연자음화를 막아 줍니다.

> 명사: **объяснение**(압/이스녜-니예)
> 동사: **въехать**(브/예-하찌)
> 형용사: **межъязыковой**(몌즈/이z쯰까보-이)

- **연음 부호(мягкий знак)**: 해당 부호 앞에 위치한 자음이 연자음임을 표시해 줍니다.

> **читать**(취따-찌): 읽다
> **словарь**(슬라v바-ㄹ): 사전

③ 강세

러시아어의 모든 단어는, 한 단어당 하나의 강세를 갖습니다. 2음절 이상의 단어는 강세도 함께 기억하세요. 모음은 강세가 있을 때 제 음가를 가지며, 강세를 가진 모음은 다른 모음들에 비해 상대적으로 길고 분명하게 발음됩니다. 빨간색으로 표시한 곳에 강세가 있습니다.

> **имя**(이-먀): 이름   **завод**(z자봇-): 공장
> **страна**(스뜨라나-): 나라

④ 모음 약화

단어에 강세가 없는 모음은 본래의 음가를 발휘하지 못하고 약화됩니다. 강세가 없는 모음은 강세를 가진 모음보다 더 짧고 약하게 발음됩니다.

4-1 모음 а와 о

강세가 없는 경우, 이 두 모음은 '어' 또는 '아' 와 비슷하게 발음됩니다. 강세 앞의 음절, 또는 어두의 첫 음절에서는 '아'와 비슷하게 발음되며, 강세가 없는 기타 다른 음절에서는 '어' 또는 '아'와 비슷하게 발음됩니다.

> она(아나-): 그녀
>
> окно(아끄노-): 창문
>
> опасно(아빠-쓰나): 위험하다

4-2 모음 е와 я

강세가 없는 경우, '에' 또는 '이'와 비슷하게 발음됩니다.

> весна(비쓰나-): 봄
>
> язык(이z즠-): 언어

4-3 모음 и와 у

강세가 없는 경우, 본래의 음가를 유지하면서 상대적으로 짧게 발음됩니다.

> бабушка(바-부sh쉬까): 할머니
>
> учить(우취-찌): 가르치다

5 자음의 발음 규칙

러시아어는 뒤에 나오는 자음이 바로 앞에 오는 자음에 영향을 미치면서 유-무성음 동화 현상을 일으키며, 항상 역행 동화합니다.

5-1 유성음화: 유성 자음 앞에 위치하는 무성 자음은 유성 자음으로 동화됩니다.

> также(딱-줴): 또한
>
> отдых(옷-디흐): 휴식
>
> вас зовут(v바스 자붓-): 당신을 부르다

무성음화: 무성 자음 앞, 혹은 어말에 위치한 유성 자음은 무성 자음으로 동화됩니다.

автобус(아프또-부스): 버스	внимание(브니마-니예): 관심
юг(육크): 남쪽	герой(기로-이): 영웅, 주인공
глаз(글라쓰): 눈	слово(쓸로-바): 단어
ёж(요쉬): 고슴도치	жена(쥐나-): 부인
водка(v보-트카): 보드카	Дмитрий(드미-뜨리): 드미트리(러시아인 이름)
зуб(z줍뻐): 이	боль(볼): 아픔

기타

자음 л,м,н,р는 다른 자음들에 어떤 영향도 미치지 않고 자신도 동화되지 않습니다. 또한 마찰음 в는 자기 자신은 무성음화의 규칙을 적용 받지만, 다른 자음을 유성음화 시키지 않습니다. 참고해 주세요.

6 러시아어 문장 규칙

지시 대명사 Это

지시 대명사 это는 '이것은, 이 사람은'을 의미하는데 사물과 사람을 지칭하는 데 사용합니다.

> Это дом. 이것은 집입니다.
>
> Это Антон. 이 사람은 안톤입니다.

명사의 성

러시아어에는 남성, 여성, 중성의 성별 구분이 있습니다. 이 구분은 문법적인 분류이므로 단어가 끝나는 마지막 글자에 의해서 결정됩니다. 남성 명사의 단수 주격은 자음으로 끝나거나, 반자음인 й(и краткое)로 끝납니다. 하지만 연음 부호 ь(мягкий знак)로 끝나는 명사 가운데서도 남성 명사에 속하는 것들이 있으므로 유의해야 합니다. 여성 명사에 속하는 단어들은 모음 철자 -а 또는 -я로 끝납니다. 연음 부호 ь로 끝나는 명사 대부분이 여성에 속합니다. 그 외에 -о 또는 -е 그리고 -мя로 끝나는 낱말들은 중성 명사입니다.

남성	여성	중성
-자음, -й, -ь	-а, -я, -ь	-о, -е, -мя

6-3 소유 대명사의 성과 수

'мой 나의', 'наш 우리의', 'твой 너의', 'ваш 당신의, 당신들의' 등의 소유 대명사는 뒤에 오는 명사의 성에 맞게 변화합니다. 이러한 소유 대명사의 뒤에 오는 명사가 복수형일 경우 소유 대명사 역시 이에 따르는 형태로 변화해야 합니다. его, её, их 등과 같은 3인칭 소유 대명사는 명사의 성, 수, 격에 관계없이 항상 동일한 형태로 사용됩니다.

	남성	여성	중성	복수
나의	мой	моя	моё	мои
우리의	наш	наша	наше	наши
너의	твой	твоя	твоё	твои
당신(들의)	ваш	ваша	ваше	ваши
그의	его	его	его	его
그녀의	её	её	её	её
그들의	их	их	их	их

6-4 의문문

러시아어의 의문문은 의문사가 없는 의문문과, 의문사가 있는 의문문이 있습니다. 'Это вода? 이것은 물입니까?'는 의문사가 없는 의문문이기 때문에 현재 시제에서는 동사 없이 사용되며, 의문의 중심이 되는 뒷부분이 올라갑니다. 'Кто это? 이 사람은 누구입니까?'는 의문사가 있는 의문문이므로 문장 끝 부분의 억양은 내려갑니다.

러시아어의 의문사들에는 'кто 누가', 'что 무엇을', 'чей 누구의', 'какой 어떤', 'сколько 얼만큼', 'куда 어디로', 'где 어디에', 'почему 왜', 'зачем 무엇을 위해서', 'как 어떻게' 등이 있습니다.

6-5 부정생격

'~을(를) 가지고 있지 않다'라는 의미의 문장을 러시아어를 통해 표현할 때, 'у кого нет ~.' 구문을 사용합니다. нет을 술어로 사용하는 문장에서는 반드시 '존재하지 않는 대상'은 생격으로 나타납니다.

> У неё есть машина. 그녀는 차가 있다.
>
> У неё нет машины. 그녀는 차가 없다.
>
> У него есть телефон. 그는 휴대폰을 가지고 있다.
>
> У него нет телефона. 그는 휴대폰이 없다.

6-6 인칭 대명사의 격 변화

러시아어에는 주격, 생격, 여격, 대격, 조격 그리고 전치격 – 총 6개의 격 – 이 존재합니다. 인칭 대명사는 이 격에 따른 변화형을 갖습니다.

	단수					복수		
	1인칭	2인칭	3인칭			1인칭	2인칭	3인칭
주격	я	ты	он	она	оно	мы	вы	они
생격	меня	тебя	его (у него)	её (у неё)	его (у него)	нас	вас	их (у них)
여격	мне	тебе	ему (к нему)	ей (к ней)	ему (к нему)	нам	вам	им (к ним)
대격	меня	тебя	его (на него)	её (на неё)	его (на него)	нас	вас	их (на них)
조격	мной	тобой	им (с ним)	ей (с ней)	им (с ним)	нами	вами	ими (с ними)
전치격	(обо) мне	(о) тебе	(о) нём	(о) ней	(о) нём	нас	вас	(о) них

한국인에게 생소한 러시아어의 특징 Top 5

⓵ 존댓말과 반말

존댓말과 반말의 구분이 명확하고 엄격한 우리말과는 다르게 러시아어는 나이에 상관없이 친밀한 사람에게는 인칭 대명사 ты를 사용합니다. 우리말의 경우엔 친밀하다 할지라도 존댓말을 사용하는 경우가 많지만, 러시아어는 부부간, 부모 자식, 형제 사이, 친구 사이 등 친밀한 사람에게는 모두 ты를 사용합니다. 하지만 친밀하지 않은 상대에게는 인칭 대명사 вы를 사용하는데, 처음 만났거나 공식적인 관계에서 주로 사용합니다. 또한 вы는 2인칭 복수를 나타낼 때 사용하기 때문에, 친밀한 사람이라 할지라도 여러 명을 지칭할 경우에는 вы가 사용됩니다.

> Что ты делаешь? (친구 사이) 너는 뭐 하고 있니?
>
> Вы не знаете, где Эрмитаж? 에르미타주 박물관이 어디 있는지 아십니까?
>
> Вы студенты? 너희들은 대학생이니?

⓶ 술어 부사 + 동사 원형

문장 안에서 부사가 술어의 기능을 수행할 경우, 이를 '술어 부사'라고 합니다. 이는 부사가 술어 역할을 하는 것으로, 술어 부사 구문에서 의미상의 주체는 여격으로 나타냅니다. 술어 부사는 동사 원형과 결합합니다. '여격(의미상 주어) + 부사 + 동사 원형'의 형태입니다.

> Мне хорошо. 나는 좋다.
>
> Нам интересно работать. 우리는 일하는 것이 재미있다.
>
> Мне очень приятно познакомится с вами. 당신을 만나서 기쁩니다.

⓷ 러시아어에는 관사가 없다!

영어와 러시아어 표현을 비교해 봅시다. 아래 예시와 같이 러시아어는 관사를 굳이 사용하지 않아도, 명사가 문장에서 지칭하는 대상 혹은 주어의 성격을 나타냅니다.

저는 선생님입니다.
- ▸ 영어: I am a teacher.
- ▸ 러시아어: Я учитель.

해는 동쪽에서 뜬다.
- ▸ 영어: The sun rises in the east.
- ▸ 러시아어: Солнце встаёт на востоке.

4 자유로운 어순

정해진 어순이 있는 많은 언어와 다르게, 러시아어는 자유로운 어순을 가지고 있습니다. 다음의 한국어, 러시아어의 예문을 비교해 보시기 바랍니다.

> ▸ **나는 책을 읽습니다.**
> (* 한국어의 경우, 위 어순만이 올바른 뜻을 전달함)
>
> ▸ **Я читаю книгу.** (나는 읽는다 책을)
>
> ▸ **Я книгу читаю.** (나는 책을 읽는다)
> (* 두 문장이 같은 의미와 뜻을 전달함)

5 동사의 완료상과 불완료상

러시아어 동사에는 상(вид)이라는 개념이 존재합니다. 불완료상(несовершенный вид)은 행위 사실 자체나 진행 중인 행위, 반복·습관적인 행위 등을 가리키며, 완료상(совершенный вид)은 종료된 일회적인 행위를 가리킵니다. 완료상과 불완료상은 과거와 미래에 쓰일 수 있지만, 현재형에서는 불완료상만 쓰입니다.

> **Вчера я читал книгу.** 어제 나는 책을 읽었다.
>
> **Я прочитал книгу.** 나는 책을 다 읽었다.

Красная Шапочка

빨간 모자

Урок **1**

빨간 모자 ①
Красная Шапочка ①

 오늘의 줄거리

ЧАСТЬ 1 오늘의 목표 문장 미리 보기

— Иду к бабушке и несу ей пирожок и горшочек масла.

Не успела она ещё до мельницы дойти, а Волк уже пришёл к бабушкиному домику и стучится в дверь.

원어민의 음성으로 동화를 들은 뒤, 한 문장씩 읽어 보세요.

Жила-была маленькая девочка.

옛날 옛적에 어린 소녀가 있었어요.

Мать любила её без памяти, а бабушка ещё больше.

어머니는 그녀를 너무너무 사랑했고, 할머니는 더욱더 그녀를 사랑했어요.

Ко дню рождения бабушка подарила ей красную шапочку.

생일을 맞이해 할머니는 그녀에게 빨간 모자를 선물했어요.

С тех пор девочка везде в ней ходила. Соседи так про неё и говорили:

그 이후로 소녀는 어디에나 빨간 모자를 쓰고 다녔지요. 이웃들은 그녀에 대해 이렇게 말했어요.

— Вот Красная Шапочка идёт!

"여기 빨간 모자가 걸어간다!"

Как-то раз испекла мама пирожок и сказала дочке:

한번은 엄마가 빵을 굽고 딸에게 말했어요.

— Сходи, Красная Шапочка, к бабушке, отнеси ей пирожок и горшочек масла и узнай, здорова ли она.

"빨간 모자야, 할머니께 다녀오렴. 빵과 버터가 든 단지를 가지고 할머니에게 가서, 그녀가 건강한지 그렇지 않은지 알아봐 주렴."

 Слова

жила-была 옛날 옛적에 | **любить без памяти** 아주 사랑하다 | **день рождения** 생일 |
шапка (шапочка) 모자 | **с тех пор** 그때부터, 그 이후로 | **везде** 어디에나, 어느 곳이든 |
испекать – испечь 굽다, 데우다 | **пирожок** 빵 | **сходить** 다녀오다 | **относить – отнести**
가져가다, 전하다, 옮기다 | **горшок (горшочек)** 단지 | **ли** ~인지

 Tip

명사와 접미사 '-чка, -ик' 등이 결합하여 크기가 작은 것을 의미하거나 좀 더 친근한 어감, 귀여운 의미를 띠게 됩니다. 이것을 지소형 (уменьшительно-ласкательная форма)이라고 합니다. 본문에 **шапочка**는 **шапка**의 지소형으로, 귀여움을 더한 표현이라고 기억해 주세요.

이 동화에 등장한 **пирожок**은 겉은 바삭하고 속에는 고기, 감자 등을 채운 빵을 가리킵니다.

Собралась Красная Шапочка и пошла к бабушке.

빨간 모자는 할머니에게 떠날 준비를 하고, 출발했어요.

Идёт она лесом, а навстречу ей — серый Волк.

그녀는 숲으로 갔고, 그녀를 향해 회색 늑대가 따라갔어요.

— Куда ты идёшь, Красная Шапочка? — спрашивает Волк.

"빨간 모자야, 어디 가니?" 늑대가 물었어요.

— Иду к бабушке и несу ей пирожок и горшочек масла.

"나는 빵과 버터가 든 단지를 가지고 할머니 댁에 가고 있어요."

— А далеко живёт твоя бабушка?

"너의 할머니는 멀리 사시니?"

— Далеко, — отвечает Красная Шапочка. — Вон в той деревне, за мельницей, в первом домике с края.

"멀어요." 빨간 모자가 대답했어요. "저기 저 마을, 풍차 뒤, 가장자리에 있는 첫 번째 집에요."

— Ладно, — говорит Волк, — я тоже хочу навестить твою бабушку.

"좋아." 늑대가 말했어요. "나도 너의 할머니 댁을 방문하고 싶구나."

— Я по этой дороге пойду, а ты иди по той. Посмотрим, кто из нас раньше придёт.

"나는 이 길로 갈 테니, 너는 저 길로 가. 우리 중에 누가 먼저 도착하는지 보자."

 Слова

собираться – собраться 준비하다, ~하려고 하다 | навстречу ~을(를) 향해서, 마중하러 |
серый 회색의 | волк 늑대 | нести – понести 나르다, 가져가다 | вон 저기에, 저쪽에(서는) |
мельница 풍차 | край 가장자리, 끝 | навещать – навестить 방문하다, 찾아가다

к는 '~에, ~을(를) 향해' 등의 뜻을 가진 전치사입니다. 운동 동사와 결합하여 '~의 집에 간다'라는 뜻을 가집니다.
전치사 к는 여격과 결합하여 사용된다는 점 기억해 주세요.

нести는 '가지고 가다, 나르다, 가지다' 등의 다양한 뜻을 가지고 있습니다.

✎ Антон помогает Маше нести сумку. 안톤은 마샤가 가방을 나르는 것을 돕습니다.

✎ Наука несёт миру только благо. 과학은 세상에 오직 좋은 것만 가져다줍니다.

Сказал это Волк и побежал, изо всех сил, по самой короткой дорожке.

늑대는 이 말을 하고서는 온 힘을 다해 가장 짧은 길로 달렸어요.

А Красная Шапочка пошла по самой длинной дороге.

그리고 빨간 모자는 가장 긴 길로 갔어요.

Шла она не торопясь, по пути останавливалась, собирала цветы.

그녀는 서두르지 않고, 길을 가며 멈춰 서기도 하고 꽃들을 모았어요.

Не успела она ещё до мельницы дойти, а Волк уже пришёл к бабушкиному домику и стучится в дверь: тук-тук!

그녀는 아직 풍차에 도착하지도 못했지만, 늑대는 이미 할머니 집에 와서 '똑똑'하고 문을 두드리고 있어요.

— Кто там? — спрашивает бабушка.

"누구세요?" 할머니가 물었어요.

 Слова

бежать – побежать 달리다 ǀ изо всех сил 힘껏, 최선을 다하여 ǀ короткий 짧은, 가까운 ǀ
длинный 긴 ǀ торопиться – поторопиться 서두르다 ǀ по пути 가는 길에 ǀ
останавливаться – остановиться 멈추다 ǀ успеть 성공하다, 제때 ~을(를) 다하다 ǀ
стучаться – постучаться 노크하다

успеть는 успевать 동사의 완료형입니다. '성공하다, 제때 ~을(를) 다하다, + (инф. св) ~할 시간이 있다, 성적이 우수하다' 등의 뜻으로 다양하게 활용되므로 예문과 함께 기억해 주세요.

✎ Извините, мы не успели прийти вовремя. 죄송해요, 우리는 제시간에 도착하지 못했어요.

✎ Он успел в науке, поэтому все его уважали.
   그는 과학에 성공하여(성적이 우수하여) 모두가 그를 존경했습니다.

1 러시아어 단어와 알맞은 뜻을 찾아 연결하세요.

① волк   •   • а 굽다

② успеть   •   • б 모자

③ испечь   •   • в 성공하다

④ шапка   •   • г 노크하다

⑤ стучаться •   • д 늑대

2 괄호 안에 들어갈 알맞은 전치사를 고르세요.

> Иду (　) бабушке и несу ей пирожок и горшочек масла.

① в   ② под   ③ про   ④ к   ⑤ до

3 [보기]에서 알맞은 표현을 활용하여 문장을 완성해 보세요.

> **보기** изо всех сил | навестить | стучится | торопясь

① Я тоже хочу _____ твою бабушку.

나도 너의 할머니 댁을 <u>방문하고</u> 싶구나.

② Волк и побежал, _____, по самой короткой дорожке.

늑대는 이 말을 하고서는 <u>온 힘을 다해</u> 가장 짧은 길로 달렸어요.

③ Шла она не _____, по пути останавливалась, собирала цветы.

그녀는 <u>서두르지</u> 않고, 길을 가며 멈춰 서기도 하고 꽃들을 모았어요.

④ Волк уже пришёл к бабушкиному домику и _____ в дверь: тук-тук!

늑대는 이미 할머니 집에 와서 '똑똑'하고 <u>문을 두드리고 있어요.</u>

4 오늘의 동화에서 배운 표현을 활용하여 러시아어로 작문해 보세요.

> 엄마는 아이들에게 단것들을 가져다줍니다.

➡ _____

🔑 **ключ** сладость 단것

Урок 2

빨간 모자 ②
Красная Шапочка ②

 오늘의 줄거리

ЧАСТЬ 1 **오늘의 목표 문장 미리 보기**

Не успела Красная Шапочка и охнуть, как Волк бросился
на неё и съел.

Но, к счастью, в это время проходили мимо домика
дровосеки с топорами.

원어민의 음성으로 동화를 들은 뒤, 한 문장씩 읽어 보세요.

Красная Шапочка дёрнула за верёвочку и дверь открылась.

빨간 모자가 밧줄 문을 당기자 문이 열렸어요.

Вошла девочка в домик, а Волк спрятался под одеяло и говорит:

소녀는 집으로 들어갔고, 늑대는 이불 속에 숨고 말했어요.

— Внучка, положи пирожок на стол, горшочек на полку, а сама ложись рядом со мной!

"얘야, 빵은 식탁에, 단지는 선반에 두고, 내 옆에 와서 누우렴!"

Красная Шапочка легла рядом с Волком и спрашивает:

빨간 모자는 늑대 옆에 누워 물었어요.

— Бабушка, почему у вас такие большие руки?

"할머니, 손이 왜 그렇게 크세요?"

— Это чтобы покрепче обнять тебя.

"그건 너를 더 꽉 안으려고 그런 거란다."

 Слова

дёргать – дёрнуть 잡아당기다 | верёвка 줄, 끈 | прятаться – спрятаться 피하다, 숨다 |
одеяло 이불 | внучка 손녀 | класть – положить 놓다, 놔두다 | полка 선반 | ложиться –
лечь 눕다, 자다(동사 спать와 결합) | обнимать – обнять 안다

 Tip

дёрнуть는 **за что** 형태와 결합해 '~을(를) 잡아당기다'의 뜻을 가집니다.

— Бабушка, почему у вас такие большие уши?

"할머니, 귀는 왜 이렇게 커요?"

— Чтобы лучше слышать.

"더 잘 들으려고 그런 거지."

— Бабушка, почему у вас такие большие глаза?

"할머니, 왜 그렇게 큰 눈을 가지고 있으세요?"

— Чтобы лучше видеть.

"더 잘 보려고 그런 거지."

— Бабушка, почему у вас такие большие зубы?

"할머니, 왜 그렇게 큰 이를 가지고 있으세요?"

— А это чтоб скорее съесть тебя!

"이건 너를 빨리 먹기 위해서지!"

Не успела Красная Шапочка и охнуть, как Волк бросился на неё и съел.

빨간 모자가 "오!"하고 소리치기도 전에, 늑대는 그녀에게 달려들고 잡아먹고 말았어요.

 Слова

успевать – успеть 성공하다 | охать – охнуть "오"하고 소리치다 | бросаться – броситься 덤벼들다, 공격하다 | есть – съесть 먹다

 접속사 **чтобы**는 '~하기 위하여, ~하도록' 등의 뜻을 가집니다. 목적을 표현하는 데 자주 사용되므로 꼭 기억해 주세요.

броситься는 '덤벼들다, 공격하다, 급하게 행동하다' 등의 다양한 뜻을 가지고 있습니다. 아래의 예문들을 통해 확인해 보세요.

🖎 Он смело бросился вперёд и защитил девушку.
   그는 용감하게 앞으로 달려가 소녀를 보호했습니다.

🖎 Я был очень голодный, поэтому сразу бросился к холодильнику.
   나는 매우 배고파서 바로 냉장고로 달려갔습니다.

Но, к счастью, в это время проходили мимо домика дровосеки с топорами.

그러나, 다행히도 그때 도끼를 든 나무꾼들이 집 옆을 지나가고 있었어요.

Услышали они шум, вбежали в домик и убили Волка.

그들은 시끄러운 소리를 듣고 집으로 뛰어 들어가 늑대를 죽였어요.

А потом разрезали ему брюхо, и оттуда вышла Красная Шапочка, а за ней и бабушка.

그런 다음 그들은 늑대의 배를 갈랐는데, 그 속에서 빨간 모자가, 그 뒤로 할머니가 나왔어요.

Обе целые и невредимые.

둘 다 무사했어요.

 Слова

проходить – пройти 지나가다 ǀ дровосек 나무꾼 ǀ топор 도끼 ǀ шум 소음, 소리 ǀ убивать – убить 죽이다 ǀ резать – разрезать 자르다 ǀ брюхо 배 ǀ целый и невредимый 건강한, 무사한

 проходить는 '지나가다'의 뜻 외에도 '진행되다, 통과하다, 배우다' 등의 뜻을 가지고 있습니다. 예문을 통해 다양한 의미와 문장에서의 쓰임새를 익혀 보세요.

✎ Урок проходит очень весело.
수업은 매우 재미있게 진행됩니다.

✎ Мой брат проходит курсы русского языка.
나의 형은 러시아어 과정을 배웁니다.

1 러시아어 단어와 알맞은 뜻을 찾아 연결하세요.

① разрезать •   • а 자르다

② дёрнуть •   • б 안다

③ обнять •   • в 죽이다

④ убить •   • г 잡아당기다

⑤ спрятаться •   • д 숨다

2 괄호 안에 들어갈 말을 순서대로 짝지은 것을 고르세요.

Не (   ) Красная Шапочка и охнуть, как Волк (   ) на неё и съел.

① успел, бросилась   ② успела, бросился   ③ бросилась, успел

④ проходила, успел   ⑤ проходил, успел

3 [보기]에서 알맞은 표현을 활용하여 문장을 완성해 보세요.

> **보기**　спрятался ｜ целые и невредимые ｜ чтобы ｜ положи, ложись

① Волк _____ под одеяло.

　늑대는 이불 속에 숨었어요.

② Внучка, _____ горшочек на полку, а сама _____ рядом со мной!

　얘야, 단지를 선반에 두고, 내 옆에 와서 누우렴!

③ _____ лучше видеть.

　더 잘 보려고 그런 거지.

④ Обе _____.

　둘 다 무사했어요.

4 오늘의 동화에서 배운 표현을 활용하여 러시아어로 작문해 보세요.

> 이 토끼는 왜 그렇게 큰 귀를 가지고 있습니까?

➡ _____

🔑 **ключ** кролик 토끼

Теремок

아주 작은 집

Урок **3**

아주 작은 집
Теремок

 오늘의 줄거리

ЧАСТЬ 1 오늘의 목표 문장 미리 보기

Прискакала к терему лягушка-квакушка и спрашивает.

Лез-лез, лез-лез — никак не мог влезть и говорит.

원어민의 음성으로 동화를 들은 뒤, 한 문장씩 읽어 보세요.

Стоит в поле теремок. Бежит мимо мышка-норушка.

들판에 집이 있어요. 쥐구멍 쥐가 집 옆을 뛰어가고 있지요.

Увидела теремок, остановилась и спрашивает: — Терем-теремок!

집이 보였고, 멈춰 서서 물었어요. "집아, 귀여운 집아!"

— Кто в тереме живёт? Никто не отвечает. Вошла мышка в теремок и стала там жить.

"집에 누가 살고 있나요?" 아무도 대답하지 않아요. 쥐는 집에 들어가 거기에서 살기 시작했어요.

Прискакала к терему лягушка-квакушка и спрашивает:

개굴개굴 개구리가 집으로 펄쩍 뛰어와서 물어요.

— Терем-теремок! Кто в тереме живёт? — Я, мышка-норушка! А ты кто?

"집아, 귀여운 집아! 누가 집에 사니?" "나야, 쥐구멍 쥐! 그런데 너 누구니?"

— А я лягушка-квакушка. — Иди ко мне жить!

"난 개굴개굴 개구리야." "나랑 같이 살자!"

Лягушка прыгнула в теремок. Стали они вдвоём жить.

개구리는 집으로 뛰어올랐어요. 그들은 둘이 함께 살기 시작했어요.

 Слова

терем (теремок) (나무로 만든) 아주 작은 집 ǀ **мимо** 옆을, 지나서 ǀ **мышка** 쥐 ǀ **нора (норка)** 굴, 구멍 ǀ **останавливаться – остановиться** 멈춰 서다, 머무르다 ǀ **прискакивать – прискакать** 펄쩍(깡충) 뛰어오다 ǀ **лягушка** 개구리 ǀ **ква** 개구리 울음 소리 ǀ **прыгать – прыгнуть** (위로) 뛰다 ǀ **вдвоём** 둘이서, 둘이 같이

 мышка-норушка처럼 비슷하게 발음되는 단어들끼리 나열되어 운율이 느껴지도록 동화의 문장이 만들어졌어요. 이번 동화에서 자주 발견하게 될 형태이므로 참고하여 읽어 보세요.

прискакать는 '펄쩍(깡충) 뛰어오다'의 뜻을 가진 완료상 동사입니다. 예문을 통해 확인해 보세요.

✎ **Принц прискакал к принцессе на белом коне.** 왕자는 백마를 타고 공주에게 달려갔어요.

✎ **Заяц прискакал к нашему дому.** 토끼가 우리집으로 달려왔어요.

생략된 내용: 개구리가 집에 들어간 후 토끼, 여우, 늑대도 차례대로 그 집이 좋아 보여서 살기 시작했어요. 마지막으로 곰이 등장합니다.

Медведь и полез в теремок.

마침내 곰도 집에 들어가기 시작했어요.

Лез-лез, лез-лез — никак не мог влезть и говорит:

영차 영차 곰은 어떻게 해도 들어갈 수가 없었어요. 그리고 말해요.

— А я лучше у вас на крыше буду жить.

"나는 너희들 집 지붕에 사는 게 낫겠어."

— Да ты нас раздавишь. — Нет, не раздавлю.

"그랬다간 넌 우리를 깔아뭉갤 거야." "아니야, 난 깔아뭉개지 않을 거야."

— Ну так залезай!

"자 그럼 올라가 봐!"

Залез медведь на крышу и как только сел — трах!

— развалился теремок.

곰이 지붕에 올라앉자마자 "쾅!"하고 집이 무너졌어요.

 Слова

медведь 곰 | лезть – полезть 들어가다, 기어오르다 | влезать – влезть ~(으)로 기어들다, 비집고 들어가다 | крыша 지붕 | раздавливать – раздавить 깔아뭉개다, 찌그러뜨리다 | залезать – залезть 오르다, 기어오르다 | разваливаться – развалиться 붕괴되다, 무너지다

 러시아어는 같은 단어가 4번 반복되면 열심히 하는 모습을 뜻하거나, 행위를 강조하는 의미로 쓰입니다. 마찬가지로 Лез-лез, лез-лез는 곰이 집에 열심히 들어가려고 하는 모습을 강조해서 설명하기 위해 사용된 형태입니다.

влезать – влезть는 '~(으)로 기어들어 가다, 비집고 들어가다'라는 뜻을 가진 동사입니다. 다양한 상황에서 문장으로 활용해 보세요.

✎ Не влезай в наш разговор! 우리의 대화에 끼어들지 마!

✎ Я не влезу в эти джинсы, если буду есть много сладкого.
나는 단것을 많이 먹으면 이 바지가 안 맞을 거야.

как과 только는 결합하여 '~하자마자'라는 의미를 나타냅니다.

Затрещал теремок, упал набок и весь развалился.

"우지직!" 집이 옆으로 쓰러져 모두 무너져 버렸어요.

Еле-еле успели из него выбежать мышка-норушка, лягушка-квакушка, зайчик-побегайчик, лисичка-сестричка, волчок-серый бочок — все целы и невредимы.

간신히 쥐구멍 쥐, 개굴개굴 개구리, 깡충깡충 토끼, 여동생 여우, 회색 옆구리 늑대가 집에서 뛰쳐나왔어요. 모두 무사했어요.

Начали они брёвна носить, доски пилить — новый теремок строить.

그들은 통나무를 나르고, 나무판자들을 톱으로 잘라 새 집을 짓기 시작했어요.

Лучше прежнего построили!

전보다 더 좋은 집을 지었답니다!

 Слова

трещать – затрещать 꺾이는(터지는, 갈라지는) 소리를 내다 ׀ падать – упасть 넘어지다, 떨어지다 ׀ набок 옆으로, 비스듬히 ׀ еле-еле 간신히 ׀ выбегать – выбежать 달려 나오다 ׀ лисица 암여우 ׀ бочок 옆구리 ׀ бревно 통나무 ׀ доска 판자, 칠판 ׀ пилить 톱질하다 ׀ прежний 이전의, 옛날의

 명사 중 단수와 복수의 강세의 위치가 다른 단어들이 있습니다. 본문에 나오는 단어에서는 бревно́가 брёвна 로, доска́는 до́ски로 강세의 위치가 달라집니다. 함께 기억해 주세요.

1 러시아어 단어와 알맞은 뜻을 찾아 연결하세요.

① терем　　　　　　•　　　　　　　•　а 아주 작은 집

② прыгнуть　　　　•　　　　　　　•　б 뛰다

③ прискакать　　　•　　　　　　　•　в (깡충깡충) 뛰어오다

④ затрещать　　　•　　　　　　　•　г 지붕

⑤ крыша　　　　　•　　　　　　　•　д 꺾이는(터지는) 소리를 내다

2 괄호 안에 들어갈 알맞은 표현을 고르세요.

> (　　　　　　　　) — никак не мог влезть.
> 영차 영차 곰은 어떻게 해도 들어갈 수가 없었어요.

① лезть-лезть　　　② еле-еле　　　③ лез-лез, лез-лез

④ и, наконец,　　　⑤ полез

3 [보기]에서 알맞은 표현을 활용하여 문장을 완성해 보세요.

> **보기** полез │ лучше прежнего │ развалился │ прыгнула

① Лягушка _____ в теремок.

  개구리는 집으로 <u>뛰어올랐어요</u>.

② Медведь и _____ в теремок.

  마침내 곰도 집에 <u>들어가기</u> 시작했어요.

③ Затрещал теремок, упал набок и весь _____.

  "우지직!" 집이 옆으로 쓰러져 모두 <u>무너져 버렸어요</u>.

④ _____ построили!

  <u>전보다 더 좋은 집을</u> 지었답니다!

4 오늘의 동화에서 배운 표현을 활용하여 러시아어로 작문해 보세요.

> 아이가 의자에 앉자마자 의자가 부서졌어요.

➡ ....

🔑 **КЛЮЧ** *стул* 의자

정답 확인

1 ① а ② б ③ в ④ д ⑤ г

2 ③

3 ① прыгнула ② полез ③ развалился ④ Лучше прежнего

4 Как только ребёнок сел, стул развалился.

Золушка

신데렐라

Урок **4**

신데렐라 ①

Золушка ①

 **오늘의 줄거리**

ЧАСТЬ 1 **오늘의 목표 문장 미리 보기**

Принц хотел её проводить, но она так ловко от него ускользнула, что он даже этого и не заметил.

— Моей женой будет только та, которой подойдёт эта золотая туфелька.

원어민의 음성으로 동화를 들은 뒤, 한 문장씩 읽어 보세요.

Вот пришла она на пир в этом платье, и никто не знал, что и сказать от восхищения.

그녀는 드레스를 입고 이 파티에 도착했어요. 그리고 그 누구도 말을 할 수 없었어요. (그녀의 아름다움 때문에)

Принц танцевал только с Золушкой, а если кто-то её приглашал, он говорил: — Я с ней танцую.

왕자는 오직 신데렐라하고만 춤을 추었고, 누군가 그녀에게 (함께 춤을 추자고) 초대하면, 그가 말했어요. "내가 그녀와 춤을 춥니다."

Вот наступил вечер и собралась Золушка уходить; и принц хотел её проводить, но она так ловко от него ускользнула, что он даже этого и не заметил.

저녁이 되었고, 신데렐라는 떠나려고 준비했어요. 왕자는 그녀를 배웅해 주고 싶었으나, 그녀는 그가 눈치채지 못할 정도로 몰래 그를 피해 달아났어요.

Поэтому придумал принц хитрость: он приказал вымазать всю лестницу смолой; и когда она от него убегала, то туфелька с её левой ноги осталась на одной из ступенек.

그래서 왕자는 꾀를 생각해 냈어요. 그는 계단 전체를 수지로 칠하라고 명령했어요. 그녀가 그에게 도망치자, 왼쪽 구두는 계단 중 하나에 남겨졌지요.

 Слова

пир 파티 ┃ платье 원피스, 드레스 ┃ восхищение 매혹, 감탄 ┃ танцевать 춤추다 ┃ наступать – наступить 도래하다, 밟다 ┃ проводить – провести 배웅하다 ┃ ловко 능숙하게, 교묘히 ┃ ускользать – ускользнуть 사라지다, 슬그머니 떠나다 ┃ замечать – заметить 알아차리다, 눈에 띄다 ┃ хитрость 꾀, 간교 ┃ приказывать – приказать 명령하다, 시키다 ┃ вымазывать – вымазать 덮다, 바르다 ┃ смола 수지, 진 ┃ туфля 구두 한 짝 ┃ ступень (ступенька) 계단, 단계

 Tip

вымазать는 '덮다, 바르다'라는 뜻으로 조격이 함께 사용된다는 점 기억해 주세요.

проводить은 불완료상 동사로 '(어떤 곳까지) 배웅하다 혹은 시간을 보내다'는 뜻으로도 사용됩니다. 예문을 통해 차이점을 확인해 보세요.

✎ Парень проводил девушку до дома. 남자는 여자를 집까지 데려다주었어요.

✎ Они проводят праздник в ресторане. 그들은 레스토랑에서 축일을 (시간을) 보냈어요.

Принц поднял эту туфельку, и была она такая маленькая и нарядная и вся из чистого золота.

왕자가 그 구두를 주워 보니, 구두는 아주 작고 아름다웠고 전체가 순금이었어요.

На другое утро пошёл королевич с этой туфелькой к отцу и говорит:

다음날 아침에 왕자는 이 구두를 가지고 아버지에게 가서 말했어요.

— Моей женой будет только та, которой подойдёт эта золотая туфелька.

"제 아내가 될 사람은 이 황금 구두가 딱 맞는 사람뿐이에요."

 Слова

поднимать – поднять 집다, 들어올리다 | нарядный 아름다운, (옷을) 잘 차려 입은 | чистое золото 순금, 황금 | подойти 가까이 가다, 접근하다, 알맞다

마지막 문장에서의 та는 'моя жена'를 가리킵니다.

подойти는 '가까이 가다, 접근하다, 알맞다'와 같이 다양한 뜻을 가지고 있습니다. 이래의 예문들을 통해 확인해 보세요.

✎ Это платье тебе подойдёт. 이 드레스는 너에게 딱이다.

✎ Он хотел подойти к ней поближе, но стеснялся. 그는 그녀에게 가까이 가기를 원했으나 부끄러웠다.

1 러시아어 단어와 알맞은 뜻을 찾아 연결하세요.

① танцевать •
② хитрость •
③ восхищение •
④ ступень •
⑤ приказать •

• а 명령하다
• б 춤추다
• в 매혹, 감탄
• г 꾀, 간교
• д 계단, 단계

2 밑줄 친 부분이 의미하는 것을 보기 중에서 고르세요.

— Моей женой будет только **та**, которой подойдёт эта золотая туфелька.

① золотая туфелька ② королевич ③ мачеха ④ моя жена ⑤ хозяйка

3 [보기]에서 알맞은 표현을 활용하여 문장을 완성해 보세요.

보기 заметил │ танцевал │ поднял │ хитрость

① Принц _____ только с Золушкой.

왕자는 오직 신데렐라하고만 춤을 추었어요.

② Золушка так ловко от него ускользнула, что он даже этого и не _____.

신데렐라는 그가 눈치채지 못할 정도로 몰래 그를 피해 달아났어요.

③ Поэтому придумал принц _____.

그래서 왕자는 꾀를 생각해 냈어요.

④ Принц _____ эту туфельку, и была она такая маленькая и нарядная и

вся из чистого золота.

왕자가 그 구두를 주워 보니, 구두는 아주 작고 아름다웠고 전체가 순금이었어요.

4 오늘의 동화에서 배운 표현을 활용하여 러시아어로 작문해 보세요.

안톤은 타냐를 배웅하기 위해서 공항으로 갔다.

КЛЮЧ **аэропорт** 공항

➡

정답 확인

1 ① б ② г ③ в ④ д ⑤ а　　**2** ④　　**3** ① танцевал ② заметил ③ хитрость

④ поднял　　**4** Антон поехал в аэропорт, чтобы проводить Таню.

Урок **5**

신데렐라 ②

Золушка ②

 오늘의 줄거리

> **ЧАСТЬ 1** **오늘의 목표 문장 미리 보기**

— осталась от покойной моей жены маленькая, глупая Золушка, — да куда уж ей быть невестой!

сняла с ноги свою тяжёлую деревянную обувь и надела туфельку, она как раз была ей впору.

원어민의 음성으로 동화를 들은 뒤, 한 문장씩 읽어 보세요.

— И эта тоже не настоящая, — сказал он, — нет ли у вас ещё дочери?

"그리고 이 사람도 제 신부가 아닙니다." 왕자가 말했어요. "딸이 더 없나요?"

— Да вот, — сказал отец, — осталась от покойной моей жены маленькая, глупая Золушка, — да куда уж ей быть невестой!

"네 있습니다." 아버지가 말했어요. "죽은 나의 아내에게서 보잘것없고 바보 같은 신데렐라가 남아 있습니다. 그녀는 결코 신부가 될 수 없습니다!"

Но принц попросил, чтоб её привели к нему, а мачеха и говорит: — Она такая грязная, ей нельзя никому и на глаза показываться.

그러나 왕자는 그녀를 데려와 달라고 했고, 계모는 말했어요. "그녀는 너무 더러워서 누구에게도 보여 주면 안 돼요."

Но принц очень захотел её увидеть; поэтому они привели к нему Золушку.

하지만 왕자는 그녀가 보고 싶어졌어요. 그래서 그들은 그에게 신데렐라를 데리고 왔어요.

 Слова

настоящий 현재의, 진짜의, 완전한 | **оставаться – остаться** 남다, 머물다 | **покойный** 죽은 | **маленький** 작은, 하찮은 | **глупый** 미련한, 바보 같은 | **куда уж + 여격** ~(이)라니 터무니없다, ~은(는) 안 된다 | **невеста** 신부 | **просить – попросить** 청하다, 부탁하다 | **приводить – привести** 데리고 오다 | **мачеха** 계모 | **грязный** 더러운

 Tip

본문에서 куда уж + 여격은 '~(이)라니 터무니없다, ~은(는) 안 된다'라는 뜻으로 사용되었습니다. 하지만 уж가 의문사 없이 단독으로 사용되면 '정말로, 이미, 대단히(의미를 강조하는 역할)'의 뜻을 나타내며 문장의 뜻을 풍부하게 해 줍니다. 예문을 통해 확인해 보세요.

✎ Он уж и не знал, как понравиться ей. 그는 어떻게 해야 그녀가 좋아할지 정말 몰랐어요.

✎ Уж если делаешь, то делай хорошо! 이미 하려고 마음먹었으면, 제대로 해라!

(주절과 종속절의 행위자가 다르면) чтобы 기준으로 주어가 각각 다를 경우, 뒤의 동사는 과거 형태로 쓰입니다. 꼭 기억해 주세요.

Сначала она помыла руки и лицо, а потом вышла к королевичу, и он дал ей золотую туфельку.

먼저 그녀는 손과 얼굴을 씻은 다음 왕자에게 갔고, 왕자는 그녀에게 황금 구두를 주었어요.

Села она на скамейку, сняла с ноги свою тяжёлую деревянную обувь и надела туфельку, она как раз была ей впору.

그녀는 의자에 앉아 무거운 나무 신발을 벗고 구두를 신었어요. 구두는 그녀에게 딱 맞았어요.

Вот встала она, посмотрел королевич ей в лицо и узнал в ней ту самую красавицу-девушку, с которой он танцевал, поэтому он сказал: — Вот это и есть настоящая моя невеста!

그녀는 일어났고, 왕자는 그녀의 얼굴을 보았으며, 그는 소녀가 춤을 춘 가장 아름다운 소녀라는 것을 알아보고는 말했어요. "바로 이 사람이 내 진짜 신부야!"

 Слова

скамейка 의자, 벤치 | снимать – снять 벗다, 떼어 내다 | деревянный 나무로 만든 | надевать – надеть 입다, 신다 | как раз 곧, 딱 | впору 알맞게, 꼭 들어맞게 | королевич 왕자

снимать – снять는 '벗다'라는 뜻 외에도 '떼어 내다, 없애다, (사진을) 찍다, (방을) 빌리다'라는 뜻도 가지고 있습니다. 다양한 뜻으로 활용되는 동사이므로 예문과 함께 기억해 주세요.

✎ Он снял с себя грязную одежду и одел чистую. 그는 더러운 옷을 벗고 깨끗한 옷을 입었어요.
✎ Пожалуйста, снимите видео, когда поедете на море. 바다에 가시면 꼭 영상을 찍어 주세요.
✎ Она сняла номер в гостинице. 그녀는 호텔 방을 빌렸어요.

1 러시아어 단어와 알맞은 뜻을 찾아 연결하세요.

① невеста •   • а 더러운

② мачеха •   • б 신부

③ снять •   • в 벗다

④ покойный •   • г 죽은

⑤ грязный •   • д 계모

2 괄호 안에 공통으로 들어갈 단어를 보기 중에서 고르세요.

1. — Да вот, — сказал отец, — осталась от покойной моей жены маленькая, глупая Золушка, — да куда (　　) ей быть невестой!

2. Он (　　) и не знал, как понравиться ей.

3. (　　) если делаешь, то делай хорошо!

① в   ② уж   ③ чтобы   ④ как   ⑤ вот

3 [보기]에서 알맞은 표현을 활용하여 문장을 완성해 보세요.

보기　надела ｜ впору ｜ настоящая ｜ захотел

① Принц очень _____ её увидеть.

왕자는 그녀가 아주 보고 싶어졌어요.

② Она сняла с ноги свою тяжёлую деревянную обувь и _____ туфельку.

무거운 나무 신발을 벗고 구두를 신었어요.

③ Она как раз была ей _____.

구두가 그녀에게 딱 맞았어요.

④ Вот это и есть _____ моя невеста!

바로 이 사람이 내 진짜 신부야!

4 오늘의 동화에서 배운 표현을 활용하여 러시아어로 작문해 보세요.

그는 더러운 장갑을 벗고, 새로운 장갑을 꼈어요.

КЛЮЧ **перчатки** 장갑

➡

정답 확인

1 ① б ② д ③ в ④ г ⑤ а　　**2** ②　　**3** ① захотел ② надела ③ впору

④ настоящая　　**4** Он снял грязные перчатки и надел новые.

Три поросёнка

아기 돼지 삼 형제

Урок **6**

아기 돼지 삼 형제 ①
Три поросёнка ①

 오늘의 줄거리

ЧАСТЬ 1 **오늘의 목표 문장 미리 보기**

— Сейчас же открой дверь! — прорычал волк.

— А не то я её сломаю!

Ниф-Ниф первым добежал до своего соломенного дома и захлопнул дверь перед самым носом волка.

원어민의 음성으로 동화를 들은 뒤, 한 문장씩 읽어 보세요.

Волк приготовился к прыжку, щёлкнул зубами, моргнул правым глазом, но поросята опомнились и, крича на весь лес, убежали.

늑대가 뛰려고, 이를 악물고 오른쪽 눈을 깜박였지만, 돼지들은 정신을 차리고 모든 숲에 소리를 지르며 도망쳤어요.

Никогда ещё они так быстро не бегали!

그들은 한 번도 이렇게 빨리 달렸던 적이 없었어요!

Сверкая пятками, поросята бежали каждый к своему дому.

돼지들은 쏜살같이 각자 자기 집으로 달려갔어요.

Ниф-Ниф первым добежал до своего соломенного дома и захлопнул дверь перед самым носом волка.

니프니프는 먼저 자신의 초가집으로 달려가 늑대의 코앞에서 문을 쾅 닫았어요.

 Слова

прыжок 뛰어오름, 도약 | щёлкать – щёлкнуть 짧고 건조한 소리를 내다 | моргать – моргнуть 눈을 깜빡이다 | поросёнок (복수형 поросята) 아주 어린 돼지 | опоминаться – опомниться 정신 차리다 | кричать – крикнуть 소리 지르다 | сверкать пятками 발뒤꿈치가 반짝이다 (= 쏜살같이 달리다) | добежать 뛰어서 도달하다, ~까지 뛰어가다 | соломенный 짚으로 만든, 짚의 | захлопывать – захлопнуть 쾅 닫다 | перед самым носом 코앞에서

 сверкать는 '반짝반짝 빛나다'는 의미를 가지고 있으며 пятка는 '발뒤꿈치'라는 뜻을 가지고 있습니다. 따라서 сверкать пятками를 직역하면 '발뒤꿈치가 반짝반짝 빛나다'인데, 이것은 매우 빨리 달리는 상황에서 발뒤꿈치가 보였다가 말았다가하는 모습을 표현한 단어입니다. 즉 매우 쏜살같이 달렸다는 표현으로 이해할 수 있습니다. 재미있는 표현이니 기억해 두었다가 활용해 보세요.

захлопывать – захлопнуть는 '쾅 닫다, (출구를 닫아) 포획하다' 뜻을 가지고 있습니다. 예문을 통해 확인해 보세요.

✎ Она громко захлопывала дверь, чтобы привлечь внимание.
　그녀는 주의를 끌기 위해 큰 소리로 문을 쾅쾅쾅 닫았어요.

✎ Мужчина быстро захлопнул ноутбук, чтобы дети не увидели, что он смотрит.
　남자는 아이들이 그가 보고 있는 것을 보지 못하도록 재빨리 노트북을 쾅 닫았어요.

✎ Захлопни, пожалуйста, багажник у машины.
　트렁크 문을 쾅 닫아 주세요.

— Сейчас же открой дверь! — прорычал волк. — А не то я её сломаю!

"당장 문을 열어!" 늑대가 으르렁거렸어요. "안 그러면 내가 부숴 버릴 거야!"

— Нет, — прохрюкал Ниф-Ниф, — я не открою!

"아니," 니프니프는 꿀꿀거렸어요. "나는 열지 않을 거야!"

За дверью было слышно дыхание страшного зверя.

문 너머에서 무서운 짐승의 숨소리가 들렸어요.

— Сейчас же открой дверь! — прорычал снова волк.

"당장 문 열어!" 늑대가 다시 으르렁거렸어요.

— А не то я так дуну, что весь твой дом разрушится!

"그렇지 않으면 네 집 전체가 무너지도록 입김을 불어 버릴 거야!"

Но Ниф-Ниф от страха ничего не мог ответить.

그러나 니프니프는 무서움에 아무 대답도 할 수 없었어요.

Тогда волк начал дуть: «Ф-ф-ф-у-у-у!».

늑대는 '후우우!' 숨을 불었어요.

Слова

сейчас же 당장 | рычать – прорычать 으르렁대다 | а не то 그렇지 않으면 | ломать – сломать 부수다, 고장 내다 | прохрюкать 꿀꿀거리다 | дыхание 호흡, 숨 | зверь 짐승 | дуть – дунуть 불다 | разрушаться – разрушиться 무너지다 | страх 공포, 두려움

ломать – сломать는 '부수다, 고장 내다'의 뜻을 가지고 있습니다. 예문을 통해 확인해 보세요.

✎ Не ломай мой телефон! 내 핸드폰을 부수지 마!

✎ Не ломай голову, сделай всё проще!
복잡하게 생각하지 말고 (직역: 머리를 부수지 말고) 모든 것을 단순하게 해!

тогда는 '그러면, 그때, 그 후에' 등의 의미를 가진 부사입니다. 본문의 마지막에 쓰인 тогда는 '그때'의 의미로 해석하면 되겠습니다.

1 러시아어 단어와 알맞은 뜻을 찾아 연결하세요.

① поросёнок •

② опомниться •

③ соломенный •

④ дыхание •

⑤ сломать •

• а 정신 차리다

• б 호흡, 숨

• в 아주 어린 돼지

• г 부수다, 고장 내다

• д 짚으로 만든

2 괄호 안에 들어갈 알맞은 단어를 고르세요.

— Сейчас же открой дверь! — прорычал волк.

— А не то я (　) сломаю!

① она　　② ей　　③ с ней　　④ её　　⑤ его

3 [보기]에서 알맞은 표현을 활용하여 문장을 완성해 보세요.

보기　дуть ∣ сверкая пятками ∣ а не то ∣ перед самым носом

① _____, поросята бежали каждый к своему дому.

돼지들은 쏜살같이 각자 자기 집으로 달려갔어요.

② Ниф-Ниф первым добежал до своего соломенного дома и захлопнул дверь

_____ волка.

니프니프는 먼저 자신의 초가집으로 달려가 늑대의 코앞에서 문을 쾅 닫았어요.

③ _____ я так дуну, что весь твой дом разрушится!

그렇지 않으면 네 집 전체가 무너지도록 입김을 불어 버릴 거야!

④ Волк начал _____: «Ф-ф-ф-у-у-у!».

늑대는 '후우우!' 숨을 불었어요.

4 오늘의 동화에서 배운 표현을 활용하여 러시아어로 작문해 보세요.

저는 팔이 부러져서 병원에 가요.　　КЛЮЧ ехать (차를 타고) 가다

➡ _____

정답 확인

1 ① в ② а ③ д ④ б ⑤ г　　**2** ④　　**3** ① Сверкая пятками ② перед самым носом

③ А не то ④ дуть　　**4** Я сломал руку, поэтому еду в больницу.

Урок **7**

아기 돼지 삼 형제 ②
Три поросёнка ②

📖 **오늘의 줄거리**

ЧАСТЬ 1 오늘의 목표 문장 미리 보기

У дверей он накрылся шкурой и тихо постучал.

Но когда поросята приоткрыли дверь, они увидели не овечку, а всё того же волка.

원어민의 음성으로 동화를 들은 뒤, 한 문장씩 읽어 보세요.

Братьям стало весело, и они запели как ни в чём не бывало:
Нам не страшен серый волк, серый волк, серый волк!

형제들은 기뻐했고, 아무 일도 없었다는 듯이 노래했어요.
"우리는 무섭지 않아, 회색 늑대, 회색 늑대, 회색 늑대가!"

Где ты ходишь, глупый волк, старый волк, страшный волк?

"멍청한 늑대, 늙은 늑대, 무서운 늑대야, 넌 어딜 돌아다니니?"

А волк и не думал уходить.

그러나 늑대는 떠날 생각이 없었지요.

Он просто отошёл в сторону и спрятался.

그는 그저 구석으로 물러나 숨었어요.

Ему было очень смешно.

이는 늑대에게 매우 가소로웠어요.

Он с трудом сдерживал себя, чтобы не рассмеяться.

그는 크게 웃지 않으려고 힘들게 참았어요.

Как ловко он обманул двух глупых, маленьких поросят!

그가 미련한 두 마리의 아기 돼지들을 얼마나 교묘하게 속였나요!

 Слова

весело 즐겁게 | запевать – запеть 노래하기 시작하다, 선창하다 | ни в чём не бывало
아무 일도 없다는 듯이 | где ходить 목적지 없이 돌아다니다 | отходить – отойти 물러나다 |
сторона 쪽, 측면 | прятаться – спрятаться 피하다, 숨다 | смешно 우습게 | сдерживать
– сдержать 참다, 억누르다 | рассмеяться 깔깔 웃다 | обманывать – обмануть 속이다

 ходить를 포함한 운동 동사는 보통 куда와 결합하여 목적지를 표현합니다. 하지만 где ходить는 '목적지 없이 돌아다니다'라는 뜻을 가지고 있습니다.

обмануть는 '속이다'라는 뜻을 가진 완료상 동사입니다. 이 동사는 кого와 함께 쓰이니 기억해 주세요.

Когда поросята успокоились, волк взял овечью шкуру и осторожно подошёл к дому.

아기 돼지들이 조용해지자, 늑대는 양의 가죽을 집어 조심스럽게 집에 다가갔어요.

У дверей он накрылся шкурой и тихо постучал.

문 앞에서 늑대는 가죽을 뒤집어쓰고 조용히 노크했어요.

Ниф-Ниф и Нуф-Нуф очень испугались, когда услышали стук.

니프니프와 누프누프는 노크 소리를 듣고 매우 무서웠어요.

— Кто там? — спросили они, и у них снова затряслись хвостики.

"누구세요?" 그들은 물었고, 다시 꼬리가 떨리기 시작했어요.

— Это я-я-я — бедная маленькая овечка! — тонким, чужим голосом сказал волк.

"나야 나, 불쌍하고 작은 양이야!" 늑대는 가늘고 낯선 목소리로 말했어요.

— Пустите меня переночевать, я потерялась и очень устала!

"나를 하룻밤 재워 줘, 나는 길을 잃었고 너무 힘들어!"

— Пустить? — спросил брата добрый Ниф-Ниф.

"재워 줄까?" 착한 니프니프가 형제에게 물었어요.

— Овечку можно пустить! — согласился Нуф-Нуф.

"양은 재워 줄 수 있지!" 누프누프가 동의했어요.

— Овечка не волк!

"양은 늑대가 아니니까!"

Но когда поросята приоткрыли дверь, они увидели не овечку, а всё того же волка.

하지만 돼지들이 살짝 문을 열었을 때, 그들은 양이 아니라 아까 본 바로 그 늑대를 보았어요.

Братья закрыли дверь и изо всех сил налегли на неё, чтобы страшный зверь не смог к ним войти.

형제들은 문을 닫았고, 무서운 짐승이 들어오지 못하게 힘껏 문을 밀었어요.

 Слова

успокаиваться – успокоиться 편안해지다, 잠잠해지다 | овечий (овечья / овечье / овечьи) 양의 | шкура 가죽, 껍질 | осторожно 조심히 | накрываться – накрыться 뒤집어쓰다 | постучать 노크하다, 두드리다 | трястись – затрястись 떨기 시작하다 | хвост 꼬리 | тонкий 가느다란, 얇은 | чужой 낯선, 타인의 | пускать – пустить ~하게 해 주다, 놔주다 | ночевать – переночевать 숙박하다 | теряться – потеряться 없어지다, 분실하다 | овца (овечка) 암양 | приоткрывать – приоткрыть 살짝 열다 | изо всех сил 힘껏 | налегать – налечь 기대다, 밀다

 Tip

накрыться는 '뒤집어쓰다, 덮다, 쓰다'라는 의미를 가집니다. 조격과 함께 쓰이니 기억해 주세요. 다음의 예문을 통해 확인해 보세요.

🖋 Ты можешь накрыться этим одеялом.
너는 이 이불로 덮을 수 있어.

🖋 Девушка накрылась плащом, чтобы не замёрзнуть.
아가씨가 얼어 죽지 않기 위해서 외투를 뒤집어썼어요.

приоткрыть는 '(문을) 살짝 열다'라는 의미를 가집니다. 다음의 예문을 통해 확인해 보세요.

🖋 Я немного приоткрыла окно, чтобы проветрить воздух.
나는 환기시키기 위해서 창문을 살짝 열었어요.

🖋 Мальчик незаметно приоткрыл коробку конфет, чтобы мама не заметила.
소년은 엄마가 알아차리지 못하게 사탕이 든 상자를 살짝 열었어요.

1 러시아어 단어와 알맞은 뜻을 찾아 연결하세요.

① шкура   •

② хвост   •

③ успокоиться   •

④ накрыться   •

⑤ налечь   •

• а 꼬리

• б 가죽

• в 뒤집어쓰다, 덮다

• г 기대다, 밀다

• д 잠잠해지다

2 괄호 안에 들어갈 알맞은 표현을 고르세요.

> У дверей он (　　　　　) и тихо постучал.
> 문 앞에서 늑대는 가죽을 뒤집어쓰고 조용히 노크했어요.

① накрылся шкурой   ② накрылся шкуру   ③ накрылся шкуре

④ открылся шкурой   ⑤ закрылся шкуру

3 [보기]에서 알맞은 표현을 활용하여 문장을 완성해 보세요.

> **보기** запели ┃ пустите, переночевать ┃ сдерживал ┃ обманул

① Он с трудом _____ себя, чтобы не рассмеяться.

그는 크게 웃지 않으려고 힘들게 참았어요.

② Братьям стало весело, и они _____ как ни в чем не бывало.

형제들은 기뻐했고, 아무 일도 없었다는 듯이 노래했어요.

③ Как ловко он _____ двух глупых, маленьких поросят!

그가 미련한 두 마리의 아기 돼지들을 얼마나 교묘하게 속였나요!

④ _____ меня _____, я потерялась и очень устала!

나를 하룻밤 재워 줘, 나는 길을 잃었고 너무 힘들어!

4 오늘의 동화에서 배운 표현을 활용하여 러시아어로 작문해 보세요.

> 그녀는 밖에서 소리를 듣고 문을 살짝 열었다.

➡

🔑 **ключ** шум 소음, 소리

정답 확인

1 ① б ② а ③ д ④ в ⑤ г

2 ①

3 ① сдерживал ② запели ③ обманул ④ Пустите, переночевать

4 Она услышала шум на улице и приоткрыла дверь.

Спящая красавица

잠자는 미녀

Урок 8

잠자는 미녀 ①

Спящая красавица ①

 오늘의 줄거리

ЧАСТЬ 1 오늘의 목표 문장 미리 보기

Принцесса уколола палец и упала замертво.

Она быстро схватила веретено и только успела прикоснуться к нему, как предсказание злой феи исполнилось.

원어민의 음성으로 동화를 들은 뒤, 한 문장씩 읽어 보세요.

Там, в маленькой комнате под крышей, сидела за прялкой какая-то старушка и спокойно пряла пряжу.

지붕 아래 작은 방 그곳에는, 한 노파가 물레에 앉아 평온히 실을 잣고 있었어요.

Как это ни странно, она ни от кого ни слова не слышала о королевском запрете.

이상하게도 그녀는 왕의 금지령에 대해 아무에게도 듣지 못했어요.

— Что это вы делаете? — спросила принцесса, которая в жизни не видела прялки.

"뭐 하세요?" 물레를 평생 본 적이 없는 공주가 물었어요.

— Пряду пряжу, — ответила старушка, даже не догадываясь о том, что говорит с принцессой.

"실을 잣고 있지." 노파는 자신이 공주와 이야기하고 있다는 것을 모른 채 대답했어요.

— Ах, это очень красиво! — сказала принцесса.

"와, 정말 예쁘네요!" 공주가 말했어요.

— Дайте я попробую, получится ли у меня так же хорошо, как у вас.

"주세요, 저도 할머니처럼 똑같이 잘할 수 있을지 해 볼래요."

прялка 물레 | спокойно 평온하게, 조용히 | прясть пряжу 실을 잣다 (물레에서 실을 뽑다) | ни ~ ни ~ ~도 ~도 (않다) | запрет 금지 | догадываться – догадаться 추측하다, 어림짐작으로 말하다 | получаться – получиться 얻어지다, 잘되다 | так же, как … …와(과) 똑같이 ~하게

сидеть + за 조격은 '~앞에 앉아 있다'를 나타내는 점 기억해 주세요.

Она быстро схватила веретено и только успела прикоснуться к нему, как предсказание злой феи исполнилось, принцесса уколола палец и упала замертво.

그녀는 급히 물렛가락을 잡았고 그러자마자 사악한 요정의 예언이 이루어졌어요. 공주는 손가락을 찔렸고, 죽은 것처럼 쓰러지고 말았어요.

Испуганная старушка позвала на помощь.

겁에 질린 할머니는 도움을 요청했어요.

Люди прибежали со всех сторон.

사람들이 사방에서 달려왔어요.

 Слова

схватывать – схватить 움켜쥐다, 붙잡다 | веретено 물렛가락 | прикасаться – прикоснуться ~에 닿다, ~에 (손가락 등을) 대다 | предсказание 예언 | фея 요정 | укалывать – уколоть 찔리다 | палец 손가락 | замертво 죽은 듯이 | позвать на помощь 도움을 요청하다

 укалывать – уколоть는 '찌르다, 찔리다'의 뜻을 가지고 있습니다. 예문을 통해 확인해 보세요.

✎ Бабушка уколола себе палец, когда шила рубашку.
할머니는 셔츠를 꿰매다가 손가락을 찔렀어요.

✎ Её слова меня сильно укололи.
그녀의 말들은 나에게 큰 상처를 주었어요(직역: 그녀의 말들이 나를 찔렀어요).

схватывать – схватить는 '움켜쥐다, 붙잡다, 파악하다'라는 의미를 가집니다. 예문을 통해 확인해 보세요.

✎ Собака схватила кость и побежала в сторону дома.
개는 뼈를 물고 (직역: 움켜쥐고) 집으로 달려갔어요.

✎ Он схватывает материал очень быстро.
그는 자료를 매우 빠르게 파악합니다.

Чего только они не делали: брызгали принцессе в лицо водой, хлопали ладонями по её ладоням, мазали виски душистым уксусом, - ничего не помогало.

그들이 하지 않은 것은 없었어요. 공주의 얼굴에 물을 뿌리고, 손바닥에 손바닥을 대고 박수를 치고, 향기로운 식초를 관자놀이에 발랐지만 아무 효과가 없었어요.

Принцесса даже не пошевелилась.

공주는 꿈쩍도 하지 않았어요.

 Слова

брызгать – брызнуть 뿌리다 ㅣ **хлопать – хлопнуть** 박수 치다 ㅣ **ладонь** 손바닥 ㅣ **висок** (복수형 **виски**) 관자놀이 ㅣ **душистый** 향기로운 ㅣ **уксус** 식초 ㅣ **шевелиться – пошевелиться** 움직이다

1 러시아어 단어와 알맞은 뜻을 찾아 연결하세요.

① предсказание •   • а 움직이다

② запрет •   • б 실을 잣다 (물레에서 실을 뽑다)

③ пошевелиться •   • в 박수 치다

④ прясть пряжу •   • г 금지

⑤ хлопать •   • д 예언

2 괄호 안에 들어갈 알맞은 표현을 고르세요.

> Она быстро схватила веретено и только успела прикоснуться к нему, как предсказание злой феи исполнилось, принцесса (   ) и упала замертво.
>
> 그녀는 급히 물렛가락을 잡았고 그러자마자 사악한 요정의 예언이 이루어졌어요. 공주는 <u>손가락을 찔렸고</u>, 죽은 것처럼 쓰러지고 말았어요.

① уколола палец   ② схватил палец   ③ позвал палец

④ мазали виски   ⑤ схватил руку

3 [보기]에서 알맞은 표현을 활용하여 문장을 완성해 보세요.

> **보기** 　сидела за прялкой ｜ позвала на помощь ｜ не пошевелилась ｜ получится

① _____ какая-то старушка и спокойно пряла пряжу.

한 노파가 물레에 앉아 평온히 실을 잣고 있었어요.

② — Дайте я попробую, _____ ли у меня так же хорошо, как у вас.

"주세요, 저도 할머니처럼 똑같이 잘할 수 있을지 해 볼래요."

③ Испуганная старушка _____.

겁에 질린 할머니는 도움을 요청했어요.

④ Принцесса даже _____.

공주는 꿈쩍도 하지 않았어요.

4 오늘의 동화에서 배운 표현을 활용하여 러시아어로 작문해 보세요.

> 그녀는 컴퓨터를 오래 했어요(컴퓨터 앞에 오래 앉아 있었어요).

➡ _____

_____

🔑 **КЛЮЧ** долго 오래

정답 확인

① ①д　②г　③а　④б　⑤в

② ①

③ ① Сидела за прялкой　② получится　③ позвала на помощь　④ не пошевелилась

④ Она долго сидела за компьютером.

Урок 9

잠자는 미녀 ②
Спящая красавица ②

ЧАСТЬ 1 오늘의 목표 문장 미리 보기

Сердце у него в груди забилось.

Он сразу решил, что ему-то и выпало счастье пробудить ото сна прекрасную принцессу.

원어민의 음성으로 동화를 들은 뒤, 한 문장씩 읽어 보세요.

— Чей это замок? Кто в нём живёт? — спрашивал он у всех прохожих по дороге.

"이것은 누구의 성인가요? 거기에 누가 사나요?" 그는 길을 가는 모든 행인에게 물었어요.

Но никто не мог ответить правильно.

그러나 그 누구도 제대로 대답하지 못했어요.

Каждый повторял только то, что сам слышал от других.

행인들은 다른 사람으로부터 들은 것만 반복했어요.

Один говорил, что это старые развалины.

한 사람이 저긴 오래된 폐허라고 말했어요.

Другой уверял, что там водятся драконы и ядовитые змеи.

다른 사람은 그곳에 용과 독사들이 살고 있다고 주장했어요.

Но большинство говорило, что старый замок принадлежит великану-людоеду.

하지만 대부분은 오래된 성이 거대한 식인종의 소유라고 말했어요.

 Слова

замок 성 | **прохожий** 지나가는, 행인 | **каждый** 각각의, 각각의 사람 | **повторять – повторить** 반복하다 | **развалина** 폐허 | **уверять – уверить** 확신시키다, 믿게 하다 | **водиться(нсв)** 있다, 살고 있다 | **ядовитый** 독이 있는 | **змея** 뱀 | **принадлежать(нсв)** ~에 속하다 | **великан** 거인 | **людоед** 식인종

 зáмок은 '성', замóк은 '자물쇠'를 의미합니다. 강세에 따라 의미가 달라지니 주의해 주세요.

принадлежать는 '~에 속하다'라는 뜻을 가진 불완료상 동사입니다. кому, чему와 함께 쓰이니 꼭 기억해 주세요.

Принц не знал, кому верить.

왕자는 누구를 믿어야 할지 몰랐어요.

Но тут к нему подошёл старый крестьянин и сказал:

— Добрый принц, полвека тому назад, когда я был так же молод, как вы сейчас, я слышал от моего отца, что в этом замке спит непробудным сном прекрасная принцесса и что спать она будет ещё полвека до тех пор, пока благородный и отважный юноша не придёт и не разбудит её.

그러나 그때 늙은 농부가 그에게 다가가 말했어요.
"선한 왕자님, 반세기 전 제가 지금 왕자님처럼 젊었을 때, 이 성에 아름다운 공주가 깨지 않는 잠을 자는데, 고결하고 용감한 젊은이가 와서 그녀를 깨울 때까지 반세기 동안 잠을 자게 될 것이라는 것을 저의 아버지에게 들었습니다."

Можете себе представить, что почувствовал принц, когда услышал эти слова!

이 말을 들었을 때 왕자가 어떤 기분이 들었을까요!

 Слова

крестьянин 농부 ǀ полвека 반세기 ǀ тому назад ~전에 ǀ непробудный 깰 줄 모르는 ǀ сон 잠 ǀ до тех пор, пока … не ~할 때까지 ~하다 ǀ благородный 고결한, 고상한 ǀ отважный 용감한, 대담한 ǀ будить – разбудить 잠을 깨우다 ǀ представлять – представить 제출하다, 제시하다, 상상하다

представлять – представить는 '제출하다, 제시하다, 상상하다' 등의 다양한 의미를 가집니다. 하지만 이 동사가 себе와 함께 쓰이면 '상상하다'라는 의미라는 점 꼭 기억하세요.

Сердце у него в груди забилось.

그의 심장은 두근거리기 시작했어요.

Он сразу решил, что ему-то и выпало счастье пробудить ото сна прекрасную принцессу.

그는 아름다운 공주를 깨우는 것이 자신에게 행운이 내린 것이라고 바로 마음먹었어요.

Недолго думая, принц поскакал к старому замку.

잠시도 생각하지 않고 왕자는 오래된 성으로 질주했어요.

Слова

сердце 심장, 마음 **| грудь** 가슴 **| забиться** 두근거리기 시작하다 **| выпадать – выпасть** 떨어지다, 내리다 **| счастье** 행복, 행운 **| пробуждать – пробудить** 잠 깨다, 일어나다 **| недолго** 잠시, 잠깐 동안 **| скакать – поскакать** (말 등이) 달리기 시작하다, 질주하다

забиться는 '두근거리기 시작하다, 숨기다, 막히다'라는 뜻을 가집니다. 예문을 통해 확인해 보세요.

✎ Из-за страха сердце может забиться сильнее.
두려움은 심장을 더 세게 뛰게 할 수 있어요.

✎ От страха ребенку пришлось забиться в угол шкафа.
두려움 때문에 아이는 옷장 구석에 숨어야만 했어요.

выпасть는 '떨어지다, 내리다, 빠지다, 탈락하다'라는 뜻을 가진 완료상 동사입니다. 예문을 통해 확인해 보세요.

✎ У меня из сумки выпали ключи.
내 가방에서 열쇠가 떨어졌어요.

✎ Тебе выпало такое счастье работать в этой компании.
네가 이 회사에서 일할 수 있는 건 정말 행운이야.
(직역: 너에게 이 회사에서 일할 수 있다는 그런 행복이 내려왔어.)

разбудить는 구어체로 주로 사용되고, **пробудить**는 문어체 또는 격식체로 많이 쓰입니다. 대화에 빈번하게 사용되진 않지만 차이점을 기억해 주세요.

1 러시아어 단어와 알맞은 뜻을 찾아 연결하세요.

① замок •   • а 두근거리기 시작하다

② полвека •   • б 반세기

③ непробудный •   • в 용감한, 대담한

④ отважный •   • г 깰 줄 모르는

⑤ забиться •   • д 성

2 괄호 안에 들어갈 단어를 고르세요.

> Можете (   ) представить, что почувствовал принц, когда услышал эти слова!
>
> 이 말을 들었을 때 왕자가 어떤 기분이 들었을까요!

① себя   ② сам   ③ себе   ④ в себе   ⑤ самым

3 괄호 안에 들어갈 단어를 고르세요.

> Сердце у него в груди (   ).
>
> 그의 심장은 두근거리기 시작했어요.

① забиться   ② забилось   ③ забились   ④ забейся   ⑤ забьётся

4 [보기]에서 알맞은 표현을 활용하여 문장을 완성해 보세요.

> **보기** полвека тому назад │ развалины │ до тех пор, пока … не … не │
> принадлежит

① Один говорил, что это старые _____.

한 사람이 저긴 오래된 폐허라고 말했어요.

② Но большинство говорило, что старый замок _____ великану-людоеду.

하지만 대부분은 오래된 성이 거대한 식인종의 소유라고 말했어요.

③ _____, когда я был так же молод,

반세기 전 제가 지금 왕자님처럼 젊었을 때,

④ Спать она будет ещё полвека _____ благородный и отважный
юноша _____ придёт и _____ разбудит её.

고결하고 용감한 젊은이가 와서 그녀를 깨울 때까지 반세기 동안 잠을 자게 될 것입니다.

5 오늘의 동화에서 배운 표현을 활용하여 러시아어로 작문해 보세요.

> 어젯밤에 첫눈이 내렸어요. (직역: 떨어졌어요).

➡ _____

_____

정답 확인

① ① д ② б ③ г ④ в ⑤ а

② ③

③ ②

④ ① развалины ② принадлежит ③ Полвека тому назад ④ до тех пор, пока … не … не

⑤ Вчера ночью выпал первый снег.

Урок **10**

—

잠자는 미녀 ③
Спящая красавица ③

 오늘의 줄거리

ЧАСТЬ 1 오늘의 목표 문장 미리 보기

Красота её так сияла, что даже золото вокруг неё казалось тусклым и бледным.

Наконец-то! Долго же вы заставили меня ждать ⋯

원어민의 음성으로 동화를 들은 뒤, 한 문장씩 읽어 보세요.

И вот перед ним, наконец, комната с позолоченными стенами и позолоченным потолком.

이렇게 그 앞에 마침내, 벽과 천장이 도금된 방이 있었어요.

Он вошёл и остановился.

그는 들어가 멈춰 섰답니다.

На постели лежала прекрасная юная принцесса лет пятнадцати -шестнадцати (если не считать полвека, когда она спала).

열다섯-열여섯 살 된 (그녀가 잤던 반세기를 제외한다면) 아름다운 어린 공주가 침대에 누워 있었어요.

Принц невольно закрыл глаза: красота её так сияла, что даже золото вокруг неё казалось тусклым и бледным. Он тихо подошёл и встал перед ней на колени.

왕자는 무의식적으로 눈을 감았어요. 그녀의 아름다움이 정말 빛이 나서 그녀를 둘러싼 황금조차도 흐리고 옅게 보였어요. 왕자는 조용히 다가가서 그녀 앞에 무릎을 꿇었어요.

 Слова

позолоченный 도금된, 금을 입힌 | стена 벽 | потолок 천장 | постель 침구, 침대 | полвека 반세기 | невольно 무의식적으로 | сиять – просиять 빛나다 | даже ~조차 | казаться – показаться 보이다, 생각되다 | тусклый 선명하지 못한, 희미한 | бледный 옅은, 약한 빛을 내뿜는 | встать на колени 무릎을 꿇다

 казаться는 '보이다, 생각되다'는 뜻을 가진 불완료상 동사입니다. 예문을 통해 확인해 보세요.

✎ Перед другими он всегда старался казаться старше.
다른 사람들 앞에서 그는 항상 더 나이 들어 보이려고 노력했다.

✎ Вначале эта работа казалась очень лёгкой.
처음에 이 일은 매우 쉬워 보였다.

✎ Мне кажется, эта драма будет очень популярной среди подростков.
내 생각에는 이 드라마가 청소년들 사이에서 매우 인기 있을 것 같아.

В это самое время, назначенный доброй феей час пробил.

바로 그 순간, 착한 요정이 정한 시간이 다가왔어요.

Принцесса проснулась, открыла глаза и посмотрела на своего спасителя.

공주는 잠을 깼어요. 눈을 떠 자신의 은인을 보았어요.

— Ах, это вы, принц? — сказала она.

"오, 당신이 왕자님이세요?" 그녀가 말했어요.

— Наконец-то! Долго же вы заставили меня ждать…

"드디어! 당신이 나를 오래도록 기다리게 했어요…."

Не успела она договорить эти слова, как всё кругом пробудилось.

그녀가 말을 마치기도 전에 주변 모든 것이 깨어났어요.

 Слова

назначенный 지정된, 약속된 ǀ час пробил 시간이 딱 맞게 잘 왔다 ǀ проснуться(св) 잠을 깨다, 눈뜨다 ǀ спаситель 구원자, 은인 ǀ заставлять – заставить ~하게 하다

 час пробил은 '괘종시계가 정각을 알리다', '(어떤 사건이) 딱 맞게 일어나다'라는 뜻입니다.

заставлять – заставить는 '~하게 하다, ~하게 만들다, 가득 채우다' 등의 다양한 의미를 가진 동사입니다. 예문을 통해 확인해 보세요.

✎ Эта книга заставляет задуматься о нашем будущем.
이 책은 우리의 미래에 대해 생각하게 합니다.

✎ Весь шкаф заставлен посудой, даже нет места для кружки.
찬장이 가득 차서 하나의 머그잔을 놓을 자리조차 없다.
(직역: 찬장이 가득 차서 하나의 머그잔을 위한 자리조차 없다.)

본문의 마지막 문장에서의 как은 의문사 '어떻게'의 의미가 아니라 두 사건이 동시에 일어남을 나타냅니다.

1 러시아어 단어와 알맞은 뜻을 찾아 연결하세요.

① невольно •

② потолок •

③ назначенный •

④ заставлять •

⑤ час пробил •

• а ~하게 하다

• б 천장

• в 시간이 딱 맞게 잘 왔다

• г 고의가 아니게, 본능적으로

• д 지정된, 약속된

2 괄호 안에 들어갈 단어를 고르세요.

> Не успела она договорить эти слова, ( ) всё кругом пробудилось.
>
> 그녀가 말을 마치기도 전에 주변 모든 것이 깨어났어요.

① что ② как ③ тот ④ чтобы ⑤ кроме этого

3 [보기]에서 알맞은 표현을 활용하여 문장을 완성해 보세요.

> **보기** сияла │ позолоченными, позолоченным │ спасителя │ встал, на колени

① Комната с _____ стенами и _____ потолком.

벽과 천장이 <u>도금된</u> 방이 있었어요.

② Красота её так _____, что даже золото вокруг неё казалось тусклым и бледным.

그녀의 아름다움이 정말 <u>빛이 나서</u> 그녀를 둘러싼 황금조차도 흐리고 옅게 보였어요.

③ Он тихо подошёл и _____ перед ней _____.

왕자는 조용히 다가가서 그녀 앞에 <u>무릎을 꿇었어요.</u>

④ Принцесса проснулась, открыла глаза и посмотрела на своего _____.

공주는 잠을 깼어요. 눈을 떠 자신의 <u>은인</u>을 보았어요.

4 오늘의 동화에서 배운 표현을 활용하여 러시아어로 작문해 보세요.

> 엄마는 아이를 숙제를 하게 합니다(만듭니다).

ключ домашнее задание 숙제

➡ ....

정답 확인

1 ① г ② б ③ д ④ а ⑤ в **2** ② **3** ① позолоченными, позолоченным ② сияла

③ встал, на колени ④ спасителя **4** Мама заставляет ребёнка делать домашнее задание.

Каша из топора

도끼로 만든 죽

Урок 11

도끼로 만든 죽 ①

Каша из топора ①

 오늘의 줄거리

ЧАСТЬ 1 **오늘의 목표 문장 미리 보기**

Дошёл до деревни, постучал в крайнюю избу:
— Пустите отдохнуть прохожего человека!

У старухи всё есть, а солдата накормить пожадничала, прикинулась бедной.

원어민의 음성으로 동화를 들은 뒤, 한 문장씩 읽어 보세요.

Старый солдат пошёл в отпуск. Устал он в пути, есть хочет.

나이 든 군인이 휴가를 떠났어요. 가는 도중에 그는 피곤했고, 배가 고팠지요.

Дошёл до деревни, постучал в крайнюю избу:
— Пустите отдохнуть прохожего человека!

그는 마을에 도착하였고, 맨 끝의 집을 두드렸어요.
"지나가는 사람을 쉬게 해 주십시오!"

Дверь открыла старуха.
— Заходи, солдат. — А нет ли у тебя, хозяюшка, перекусить чего-нибудь?

한 노파가 문을 열었어요.
"들어오게." "그런데 주인 아주머니, 요기할 만한 게 없습니까?"

У старухи всё есть, а солдата накормить пожадничала, прикинулась бедной.

노파는 모든 것을 가지고 있었지만, 자신의 탐욕 때문에 군인에게 먹을 것을 주는 게 아까워서 가난한 척을 했습니다.

 Слова

каша 죽 | топор 도끼 | **отпуск** 휴가 | **в пути** 도중, 가는 길에 | **деревня** 마을, 시골 | **крайний** 제일 끝의, 최후의 | **изба** 농가, 목조로 된 집 | **прохожий** 통행하는, 지나가는, 행인 | **хозяйка** 여주인 | **перекусить** 가볍게 먹다, 요기하다 | **накормить** 배부르게 먹이다 | **пожадничать** 욕심 내다, 아까워하다 | **прикидываться – прикинуться** ~인 척하다, 가장하다

 Tip

пустить는 '~하게 하다, 퍼뜨리다, (+ корни과 함께 쓰여) 뿌리내리다'라는 뜻을 지닌 완료상 동사입니다. 예문과 함께 다양한 뜻을 기억해 주세요.

✎ Моя семья уже давно пустила корни в этом городе.
  나의 가족은 이 도시에 뿌리를 내린 지(정착한 지) 이미 오래되었습니다.

✎ Кто-то пустил слух, что наша семья уехала за границу.
  누군가 우리 가족이 해외로 떠났다는 소문을 퍼뜨렸습니다.

прикидываться – прикинуться는 '~인 척하다, 가장하다'의 뜻을 가지며 조격과 함께 쓰입니다.

✎ Он прикинулся больным, чтобы не идти в школу.
  그는 학교에 가지 않기 위해 아픈 척을 했습니다.

Она прикидывается доброй, а в душе совсем не такая.

그녀는 친절한 척하지만 마음속은 전혀 그렇지 않습니다.

— Ох, добрый человек, и сама сегодня ещё ничего не ела, ничего.

"아, 착한 양반, 나조차도 오늘 아직 아무것도 먹지 않았네, 아무것도."

— Ну, нет так нет, — солдат говорит. Тут он заметил под лавкой топор.

"아니라 하시면 아닌 거겠죠," 군인이 말합니다. 그때 군인은 벤치 아래에서 도끼를 발견했어요.

— Если нет ничего, можно сварить кашу и из топора.

"아무것도 없다면, 도끼로 죽을 만들 수 있습니다."

— Как так из топора кашу сварить?

"도끼로 죽을 만든다니 무슨 말인가?"

— А вот как, дай-ка котёл.

"이렇게요, 솥을 주세요."

Старуха принесла котёл, солдат вымыл топор, опустил в котёл, налил воды и поставил на огонь.

노파는 솥을 가져왔고, 군인은 도끼를 깨끗이 씻어 냄비에 넣고 물을 부어 불에 올려놓았어요.

Старуха на солдата смотрит, глаз не сводит.

노파는 눈을 떼지 않고 군인을 봅니다.

 Слова

заметить 보다, 알아차리다 ǀ лавка 벤치, 긴 의자 ǀ сварить ~을(를) 끓이다, 조리하다 ǀ каша 죽 ǀ котёл 솥, 큰 냄비 ǀ вымыть 깨끗이 씻다 ǀ опустить + во что ~의 안에 넣다 ǀ налить (액체를) 따르다, 채우다, 붓다 ǀ поставить 놓다, 세우다 ǀ глаз не сводить ~에게서 눈을 떼지 않다

 вымыть는 '깨끗이 씻어 내다'라는 뜻의 완료상 동사입니다. '외부로의 운동 즉, 외부로부터 나오다'라는 뜻을 가지고 있는 접두사 вы-와 '씻다'라는 뜻의 мыть 동사가 결합함에 따라, 더러운 것들이 모두 떨어져 나올 만큼 굉장히 깨끗하게 씻어 낸다는 어감을 내포하고 있습니다.

Дай-ка라는 단어에서 접미사 -ка는 완료상 동사 дать의 명령형 Дай와 함께 결합하여 권고, 설득의 뉘앙스를 첨가하고 명령의 뜻을 부드럽게 합니다.

Достал солдат ложку, помешивает. Попробовал.

군인은 숟가락을 꺼내 휘저었어요 그리고는 먹어 보았답니다.

— Ну, как? — спрашивает старуха.

"어때?" 노파가 물어요.

— Скоро будет готова, — солдат отвечает, — жалко только, что посолить нечем.

"곧 준비가 될 겁니다." 군인이 대답합니다. "소금을 뿌릴 수 없어서 아쉽네요."

— Соль-то у меня есть, посоли.

"소금은 내가 가지고 있지, 소금을 뿌려 보게."

Солдат посолил, снова попробовал.

군인은 소금을 뿌리고 다시 맛을 보았어요.

достать 집어 들다 | помешивать – помешать 휘젓다, 섞다 | посолить 소금을 뿌리다 |
нечего + инф ~한 행위를 할 수 없다, ~할 것이 없다

достать는 доставать 동사의 완료상 형태입니다. 이 단어는 함께 사용되는 격에 따라 뜻이 다양하게 해석됩니다. 본문에서 사용된 достать + что는 '집어 들다, 꺼내다'라는 뜻을 가지고 있습니다. 그러나 достать + до + чего는 '~까지 닿다'라는 뜻으로 해석됩니다. 예문을 통해 확인해 보세요.

✎ Я могу достать до этой полки. 나는 선반까지 닿을 수 있습니다.

1 러시아어 단어와 알맞은 뜻을 찾아 연결하세요.

① каша · · а 도끼

② посолить · · б 죽

③ топор · · в 끓이다

④ прикинуться · · г ~인 척하다

⑤ сварить · · д 소금을 뿌리다

2 괄호 안에 들어갈 알맞은 단어를 고르세요.

> Старуха принесла котёл, солдат (   ) топор, опустил (   ), налил воды и поставил на огонь.

① отмыл, котёл ② вымыл, в котёл

③ вымой, с котлом ④ стирать, в котёл

3 [보기]에서 알맞은 표현을 활용하여 문장을 완성해 보세요.

> **보기** кашу сварить ┃ перекусить ┃ помешивает ┃
> опустил в котёл, налил воды

① А нет ли у тебя, хозяюшка, _____ чего-нибудь?

그런데 주인 아주머니, <u>요기할</u> 만한 게 없습니까?

② Как так из топора _____?

도끼로 <u>죽을 만든다니</u> 무슨 말인가?

③ Солдат вымыл топор, _____ и поставил на огонь.

군인은 도끼를 깨끗이 씻어 <u>냄비에 넣고 물을 부어</u> 불에 올려놓았어요.

④ Достал солдат ложку, _____.

군인은 숟가락을 꺼내 <u>휘저었어요.</u>

4 오늘의 동화에서 배운 표현을 활용하여 러시아어로 작문해 보세요.

> 나는 국을 끓였고, 맛을 보았어요.

➡ _____

....

КЛЮЧ суп 국

Урок 12

도끼로 만든 죽 ②

Каша из топора ②

📖 오늘의 줄거리

ЧАСТЬ 1 오늘의 목표 문장 미리 보기

— Ну, старуха, теперь принеси хлеба да бери ложку: Давай кашу есть!

И сразу спрятал топор в рюкзак, попрощался с хозяйкой и пошёл в другую деревню.

원어민의 음성으로 동화를 들은 뒤, 한 문장씩 읽어 보세요.

— Хороша! Сюда бы немного крупы!

"좋아! 여기에 곡물을 좀 넣으면!"

Старуха побежала, принесла откуда-то мешочек крупы.

노파는 달려갔고, 어디선가 곡물 한 자루를 가지고 왔어요.

— Бери, клади сколько нужно.

"필요한 만큼 집어서 넣게."

Засыпал он крупы.

그는 곡물을 넣었어요.

Варил, варил, помешивал, попробовал.

계속 끓이고, 섞고, 맛보았어요.

Смотрит старуха на солдата во все глаза, оторваться не может.

노파는 온 정신을 집중하여 군인을 주시했고, 눈을 뗄 수가 없었답니다.

 Слова

крупа 곡물 | мешок 자루 | брать – взять 잡다, 쥐다 | класть – положить 놓다, 넣다 | засыпа́ть – засы́пать 뿌려서 넣다, 덮다 | во все глаза 온 정신을 집중하여, 주의 깊게 | оторваться не может 눈을 뗄 수가 없다

 Tip 본문의 첫 번째 문장에는 동사가 생략되었지만, 문맥상 **сюда бы**를 '여기에 넣으면'이라고 해석하면 됩니다.

— Ох, и хорошая каша! — облизнулся солдат.

"오, 맛있는 죽이군요!" 군인이 입맛을 다셨어요.

— Сюда бы немного масла - было бы вообще вкусно.

"여기에 약간의 버터를 좀 넣으면… 아주 맛있었을 텐데."

Нашла старуха и масло.

노파는 버터를 찾았어요.

Попробовали кашу.

그들은 죽을 맛봤어요.

— Ну, старуха, теперь принеси хлеба да бери ложку: Давай кашу есть!

"자, 할머니, 이제 빵을 가져오고 숟가락을 드세요. 죽을 먹읍시다!"

Вот уж не думала, что из топора такую хорошую кашу можно сварить, — удивляется старуха.

노파는 도끼로 이렇게 맛있는 죽을 요리할 수 있다고 생각하지 못했지요. 노파는 놀랍니다.

 Слова

облизываться – облизнуться 입맛을 다시다 ∣ вообще 일반적으로, 정말로 ∣ масло 버터 ∣
приносить – принести 가져오다

 принести는 완료상 동사로서 '가져오다, 운반하다, 산출하다, 야기하다'라는 다양한 뜻을 가집니다. 예문을 통해 확인해 보세요.

✎ Деньги не могут принести настоящее счастье. 돈은 진정한 행복을 가져다줄 수 없다.

✎ Принеси мне воды, пожалуйста. 물 좀 가져다주세요.

'Ну, старуха, теперь принеси хлеба да бери ложку ~'의 문장에서 да는 '그리고'로 해석됩니다.

'Давай кашу есть!'에서의 명령형 Давай는 친밀감을 나타낸 표현입니다.

본문에서의 вот уж는 совсем과 같은 뜻인 '완전히, 전혀'로 기억해 주세요.

Поели вдвоём кашу.

둘이서 죽을 먹었어요.

Старуха спрашивает: — Солдат! Когда же топор будем есть?

노파가 물어요. "군인 양반! 우리는 도끼를 대체 언제 먹는 건가?"

— Да, видишь, он не готов, — отвечал солдат, — где-нибудь на дороге доварю да позавтракаю!

"보세요, 아직 준비가 되지 않았습니다." 군인이 대답했어요. "길 가다 충분히 요리해서 아침을 먹을 거예요!"

И сразу спрятал топор в рюкзак, попрощался с хозяйкой и пошёл в другую деревню.

그리고 곧바로 도끼를 배낭에 숨겼고, 집주인과 작별 인사를 하고는 다른 마을로 갔어요.

Вот так солдат и каши поел и топор унёс!

군인은 죽을 먹고 도끼를 가지고 간 것이랍니다!

 Слова

вдвоём 둘이서, 둘이 같이 | **же** 대체 (강조하려는 말의 뒤에 위치) | **доваривать – доварить** 충분히 끓이다, 조리하다 | **прятать – спрятать** 숨기다, 챙기다 | **рюкзак** 배낭 | **прощаться – попрощаться** 작별하다, 헤어지다 | **уносить – унести** 가져가다, 훔치다

Вот так은 직역하면 '바로 그렇게, 그렇다!'라고 해석하면 되겠습니다.

попрощаться는 '작별 인사를 하다, 헤어지다'라는 의미를 가집니다. 예문을 통해 확인해 보세요.

✎ Вчера он попрощался с вредной привычкой-курения.
어제 그는 담배를 끊었습니다(직역: 어제 그는 담배의 나쁜 습관과 작별 인사를 했습니다).

✎ Мы попрощались и больше я его никогда не видела.
우리는 작별 인사를 했고 나는 그를 다시는 보지 못했어요.

1 러시아어 단어와 알맞은 뜻을 찾아 연결하세요.

① мешок　　　　　•　　　　　　　•　а 자루

② крупа　　　　　•　　　　　　　•　б 입맛을 다시다

③ облизнуться　•　　　　　　　•　в 작별하다, 헤어지다

④ попрощаться　•　　　　　　　•　г 곡물

⑤ во все глаза　•　　　　　　　•　д 온 정신을 집중하여

2 밑줄 친 단어와 같은 뜻을 가진 단어를 고르세요.

> — Ну, старуха, теперь принеси хлеба **да** бери ложку: Давай кашу есть!

① но　　　② совсем　　　③ там　　　④ и　　　⑤ или

3 [보기]에서 알맞은 표현을 활용하여 문장을 완성해 보세요.

> **보기** оторваться не может ｜ доварю ｜ унёс ｜ бери, клади

① _____ сколько нужно.

필요한 만큼 집어서 넣게.

② Смотрит старуха на солдата во все глаза, _____.

노파는 온 정신을 집중하여 군인을 주시했고, 눈을 뗄 수가 없었답니다.

③ Где-нибудь на дороге _____ да позавтракаю!

길 가다 충분히 요리해서 아침을 먹을 거예요!

④ Вот так солдат и каши поел и топор _____!

군인은 죽을 먹고 도끼를 가지고 간 것이랍니다!

4 오늘의 동화에서 배운 표현을 활용하여 러시아어로 작문해 보세요.

> 투자가 항상 수입을 가져다줄 수는 없다.

➡

────────────────────────────────────

🔑 **ключ** инвестиция 투자   доход 수입

정답 확인

1 ① а ② г ③ б ④ в ⑤ д

2 ④

3 ① Бери, клади ② оторваться не может ③ доварю ④ унёс

4 Инвестиции не всегда могут принести доход.

Гадкий утёнок

미운 오리 새끼

Урок **13**

미운 오리 새끼 ①

Гадкий утёнок ①

 오늘의 줄거리

ЧАСТЬ 1 **오늘의 목표 문장 미리 보기**

— И она погладила утёнка носиком.

Только бедного утёнка, который вылупился позже всех и был такой безобразный, клевали, толкали и осыпали насмешками все — и утки, и куры.

원어민의 음성으로 동화를 들은 뒤, 한 문장씩 읽어 보세요.

— Оставьте его! — сказала утка-мать.

"그 아이를 놔두렴!" 엄마 오리가 말했어요.

— Он вам ведь ничего не сделал!

"그 아이는 너희들에게 아무 짓도 하지 않았잖니!"

— Но он такой большой и странный! — отвечала забияка.

"하지만 걔는 너무 크고 이상해!" 싸움을 좋아하는 오리가 대답했어요.

— Его и надо проучить!

"그 녀석 손 좀 봐 줘야겠어!"

— Хорошие у тебя детки! — сказала старая утка с красным лоскутком на лапке.

"좋은 아이들을 가지고 있구나!" 다리에 빨간 작은 천을 두른 늙은 오리가 말했어요.

— Все очень милые, кроме одного… Этот не удался! Хорошо бы его переделать!

"모두 매우 귀엽구나, 하나만 빼고… 이건 실패했어! 그 아이를 바꿀 수 있으면 좋을 텐데!"

— Никак нельзя! — ответила утка-мать.

"절대 안 돼요!" 엄마 오리가 대답했어요.

— Он некрасивый, но у него доброе сердце, и плавает он не хуже, могу даже сказать, лучше других.

"그 아이는 못생겼지만, 마음이 착하고, 다른 아이들보다 수영을 나쁘지 않게 하는데, 심지어 남들보다 더 잘한다고 말할 수 있죠."

 Слова

утка 오리 | утёнок (복수형 утята) 아기 오리 | оставлять – оставить 남기다, 놓아두다 | забияка 깡패, 말다툼하는 사람 | проучивать – проучить 따끔한 맛을 보이다, 손보다 | лоскут (귀여운 표현: лоскуток) (천) 조각 | лапа (귀여운 표현: лапка) (동물의) 발 | переделывать - переделать 바꾸다, 개조하다

 본문에서의 ведь은 '어쨌든'으로 해석됩니다.

Я думаю, что он вырастет, похорошеет.

"나는 그 아이가 자라면 더 예뻐질 거라고 생각해요."

Он залежался в яйце, поэтому и не совсем удался.

미운 아기 오리는 알에서 너무 오래 있었기 때문에 아름답게 태어나지 않았어요.

И она погладила утёнка носиком.

그리고 그녀는 부리로 미운 아기 오리를 쓰다듬어 주었어요.

— Кроме того, он мальчик, а ему красота не нужна.

"게다가 미운 아기 오리는 남자아이니까, 그에게는 아름다움이 필요하지 않아요."

Я думаю, что он возмужает и пробьёт себе дорогу!

"나는 그가 남자다워지고 자신의 길을 잘 헤쳐 나갈 거라 생각해요!"

— Остальные утята очень-очень милые! — сказала старая утка.

"나머지 아기 오리들은 매우 매우 귀여워!" 늙은 오리가 말했어요.

— Ну, будьте же как дома.

"자, 집처럼 편하게 있으렴."

 Слова

вырастать – вырасти 자라다, 어른이 되다 | хорошеть – похорошеть 아름다워지다 |
залежаться(св) 오래 누워 있다, 오래 두다 | яйцо 알, 달걀 | удаваться – удаться 성공하다,
아름답게 완성되다 | гладить – погладить 쓰다듬다, 어루만지다, 다림질하다 | красота 아름다움 |
мужать – возмужать 어른이 되다, 남자다워지다 | пробить себе дорогу 자신의 길을 개척하
다

 погладить는 '쓰다듬다, 어루만지다, 다림질하다'의 의미를 가집니다. 예문을 통해 확인해 보세요.

✎ Ты можешь погладить этого котёнка, он не кусается.
너는 이 고양이를 쓰다듬을 수 있어. 그는 물지 않아.

✎ Можешь погладить мою рубашку? 내 셔츠 좀 다려 줄 수 있니?

пробить는 '구멍을 뚫다, 실현하다'의 뜻을 가지고 있습니다. 즉 пробить себе дорогу라고 하면 마치 큰 장
애물들을 뚫고 앞으로 길을 헤쳐 나가는 느낌으로 해석됩니다. 숙어 형태로 외워 주세요.

Вот они и стали вести себя, как дома.

그래서 그들은 집에 있는 것처럼 행동하기 시작했어요.

Только бедного утёнка, который вылупился позже всех и был такой безобразный, клевали, толкали и осыпали насмешками все — и утки, и куры.

모든 오리와 닭들이 오직 가장 늦게 태어난 못나고 불쌍한 오리만 쪼고 밀치고 비웃었어요.

 Слова

вести себя как ~한 모습으로 행동하다 **| вылупляться – вылупиться** 알을 까다, 부화하다 **| безобразный** 추한, 못생긴 **| клевать(нсв)** 쪼다, 쪼아 먹다 **| толкать – толкнуть** 밀다 **| осыпать насмешками** 비웃다, 조롱을 퍼붓다

 осыпать는 '뿌리다, 퍼붓다'라는 의미를 가진 동사입니다. 예문을 통해 확인해 보세요.

✎ **Когда мы встречались, мой парень, осыпал меня подарками.**
우리가 만났을 때, 내 남자 친구는 선물을 퍼부었다(의미: 우리가 만났을 때, 내 남자 친구는 선물을 많이 주었다).

✎ **Они осыпали его комплиментами.**
그들은 그에게 찬사를 보냈다(직역: 칭찬을 퍼부었다).

1 러시아어 단어와 알맞은 뜻을 찾아 연결하세요.

① утёнок　　　　•

② удаться　　　　•

③ переделать　　•

④ безобразный　•

⑤ вылупиться　　•

　　　　•　а 바꾸다, 개조하다

　　　　•　б 성공하다, 아름답게 완성되다

　　　　•　в 아기 오리

　　　　•　г 알을 까다, 부화하다

　　　　•　д 못생긴, 추한

2 괄호 안에 공통으로 들어갈 알맞은 동사를 고르세요.

> Ты можешь (　　　) этого котёнка, он не кусается.
> 너는 이 고양이를 쓰다듬을 수 있어. 그는 물지 않아.
> Можешь (　　　) мою рубашку?
> 내 셔츠 좀 다려 줄 수 있니?

① осыпать　　② приклеивать　　③ погладить　　④ погладишь

3 [보기]에서 알맞은 표현을 활용하여 문장을 완성해 보세요.

> **보기** вести себя, как дома │ толкали │ похорошеет │ пробьёт себе дорогу

① Я думаю, что он вырастет, _____.

나는 그 아이가 자라면 더 예뻐질 거라고 생각해요.

② Я думаю, что он возмужает и _____!

나는 그가 남자다워지고 자신의 길을 잘 헤쳐 나갈 거라 생각해요!

③ Вот они и стали _____.

그래서 그들은 집에 있는 것처럼 행동하기 시작했어요.

④ Только бедного утёнка, который вылупился позже всех и был такой безобразный, клевали, _____ и осыпали насмешками все — и утки, и куры.

모든 오리와 닭들이 오직 가장 늦게 태어난 못난 불쌍한 오리만 쪼고 밀치고 비웃었어요.

4 오늘의 동화에서 배운 표현을 활용하여 러시아어로 작문해 보세요.

> 엄마는 아이의 머리를 쓰다듬었다.

➡ _____

_____

정답 확인

1 ① в ② б ③ а ④ д ⑤ г

2 ③

3 ① похорошеет ② пробьёт себе дорогу ③ вести себя, как дома ④ толкали

4 Мама погладила ребёнка по голове.

Урок **14**

미운 오리 새끼 ②
Гадкий утёнок ②

 오늘의 줄거리

ЧАСТЬ 1 **오늘의 목표 문장 미리 보기**

— Ах, плавать по воде так приятно!

Тебя приютили, и тебя окружает общество, в котором ты можешь чему-нибудь научиться.

원어민의 음성으로 동화를 들은 뒤, 한 문장씩 읽어 보세요.

— Ах, плавать по воде так приятно! — сказал утёнок.

"아, 물에서 수영하는 게 너무 좋아!" 미운 아기 오리가 말했어요.

— Так хорошо нырять в самую глубь с головой!

"머리를 넣고 가장 깊이 잠수하는 게 너무 좋아!"

— Так хорошо! — сказала курица. — Ты совсем рехнулся!

"그렇게 좋니!" 닭이 말했어요. "너 완전히 정신이 나갔구나!"

— Спроси у кота — он умнее всех, кого я знаю, — нравится ли ему плавать или нырять!

"고양이한테 물어봐. 그는 내가 아는 모든 사람들보다 똑똑해, 그가 수영이나 잠수하는 것을 좋아 하는지!"

О себе я уж не говорю!

"나는 말할 것도 없지!"

— Спроси, наконец, у нашей старушки: умнее её нет никого на свете!

"마지막으로 우리 할머니한테 물어봐. 세상에 그녀보다 똑똑한 사람은 없지!"

По-твоему, и ей хочется плавать или нырять с головой?

"너는 그녀가 수영을 하고 싶어 한다거나 잠수하고 싶어 한다고 생각하니?"

 Слова

нырять – нырнуть 잠수하다 | глубь 깊이, 깊은 곳 | курица 암탉 | совсем 아주, 완전히 | рехнуться(св) 정신이 나가다, 미치다 | уж (본문에서는 강조의 표현) 정말 | свет 빛, 세계, 세상

본문의 첫 번째 문단에서의 по воде는 '물 위에'로 이해해 주시면 되겠습니다.

плавать는 '수영하다, (배가) 뜨다'라는 뜻을 가지고 있습니다. 예문을 통해 확인해 보세요.

✎ Я хорошо умею плавать. 나는 수영을 잘한다.

✎ Корабль плавает по морю, даже в шторм. 배는 폭풍우 속에서도 바다를 항해한다(바다 위에 뜬다).

— Вы меня не понимаете! — сказал утёнок.

"여러분들은 나를 이해하지 못해요!" 미운 아기 오리가 말했어요.

— Если мы не понимаем, так кто тебя и поймёт!

"우리가 이해 못한다면 누가 너를 이해해 주겠니!"

Что ж, ты хочешь быть умнее кота и старухи, не говоря уже обо мне?

"뭐야, 너는 나에 대해 말할 것도 없고, 고양이와 할머니보다 더 똑똑해지고 싶다는 거니?"

Не дури, а благодари лучше создателя за всё, что для тебя сделали!

"고집부리지 말고 너 같은 애를 위해서 신이 해 준 모든 일들에 감사나 하시지!"

— Тебя приютили, и тебя окружает общество, в котором ты можешь чему-нибудь научиться, но ты — пустая голова, и говорить-то с тобой не стоит! Поверь мне!

"너는 보호를 받았고, 네가 무언가를 배울 수 있는 사회가 너를 둘러싸고 있어. 하지만 너는 머리가 텅 비어 있고 너와는 말할 가치가 없어! 내 말을 믿어!"

Слова

дурить 고집부리다, 어리석은 짓을 하다 | благодарить – поблагодарить 감사하다 | создатель 창조자, 신 | приючать – приютить 숨기다, 숨겨 주다, 보호하다 | окружать – окружить 둘러싸다 | общество 사회 | пустой 빈

окружать – окружить는 '둘러싸다, 에워싸다, 감싸다'와 같이 다양한 뜻을 가진 동사입니다. 예문을 통해 확인해 보세요.

🖊 Иностранные войска окружили нашу страну во время войны.
전쟁 중에 외국 군대가 우리 나라를 포위했습니다.

🖊 Мама окружает своих детей заботой и любовью.
엄마는 자녀들을 보살핌과 사랑으로 감싸 줍니다.

Что ж, ты хочешь быть умнее кота и старухи, не говоря уже обо мне? 이 문장에서의 уже는 '이미, 벌써'의 의미이며 맥락상 '더'라고 해석하면 자연스럽습니다.

— Я желаю тебе добра, поэтому и ругаю тебя: так всегда можно узнать настоящих друзей! Постарайся же нести яйца или мурлыкать!

"나는 너에게 좋은 것만 있길 바라. 그래서 널 꾸짖는 거야, 그렇게 항상 진정한 친구를 알 수 있지! 알을 낳거나 그르렁거리는 거나 노력해 봐!"

— Я думаю, мне лучше уйти отсюда куда глаза глядят! — сказал утёнок.

"내 생각엔 발길이 닿는 대로 여기서 나가는 게 좋겠어!" 미운 아기 오리가 말했어요.

— И с Богом! — отвечала курица.

"신과 함께!" 닭이 대답했어요.

 Слова

добро 선, 좋은 것 I **ругать**(нсв) 꾸짖다, 혼내다 I **нести яйцо** (알을) 낳다 I **мурлыкать –
промурлыкать** (고양이 등이) 그르렁거리다 I **идти куда глаза глядят** (목적 없이) 발길 닿는 대
로 가다

ругать 동사는 **кого, что**를 '꾸짖다'로 기억해 주시면 됩니다.

идти куда глаза глядят에서 **глядят**의 동사 원형은 **глядеть**이고 '보다'라는 의미입니다. 즉 눈에 보이는
그곳으로 간다는 뜻입니다. 목적 없이 이동하는 상태를 나타내며, 숙어 형태로 기억해 주세요.

1 러시아어 단어와 알맞은 뜻을 찾아 연결하세요.

① глубь •   • a 둘러싸다

② дурить •   • б 사회

③ приютить •   • в 고집부리다, 어리석은 짓을 하다

④ окружать •   • г 깊은 곳

⑤ общество •   • д 숨기다, 숨겨 주다, 보호하다

2 괄호 안에 들어갈 알맞은 단어를 고르세요.

— Ах, плавать (   ) воде так приятно! — сказал утёнок.
"아, 물에서 수영하는 게 너무 좋아!" 미운 아기 오리가 말했어요.

① по   ② о   ③ а   ④ и   ⑤ перед

3 [보기]에서 알맞은 표현을 활용하여 문장을 완성해 보세요.

> **보기**   ругаю ┃ рехнулся ┃ уйти, куда глаза глядят ┃ нырять

① Так хорошо _____ в самую глубь с головой!

머리를 넣고 가장 깊이 <u>잠수하는 게</u> 너무 좋아!

② Ты совсем _____!

너 완전히 <u>정신이 나갔구나</u>!

③ Я желаю тебе добра, поэтому и _____ тебя.

나는 너에게 좋은 것만 있길 바라. 그래서 널 <u>꾸짖는 거야.</u>

④ Я думаю, мне лучше _____ отсюда _____!

내 생각엔 발길이 닿는 대로 여기서 <u>나가는 게</u> 좋겠어!

4 오늘의 동화에서 배운 표현을 활용하여 러시아어로 작문해 보세요.

> 사람들은 그 여배우를 빠르게 에워쌌다.

➡ _____

────────────────────────────────────

🔑 **ключ** актриса 여배우

정답 확인

1 ① г ② в ③ д ④ а ⑤ б

2 ①

3 ① нырять ② рехнулся ③ ругаю ④ уйти, куда глаза глядят

4 Люди быстро окружили эту актрису.

Бременские музыканты

브레멘 음악대

Урок **15**

—

브레멘 음악대
Бременские музыканты

ЧАСТЬ 1 오늘의 목표 문장 미리 보기

Мне сегодня вечером должны отрубить голову.

Петуху понравилось это предложение и они отправились дальше вчетвером.

원어민의 음성으로 동화를 들은 뒤, 한 문장씩 읽어 보세요.

Потом наши беглецы проходили мимо какого-то двора.

그다음 우리의 도망친 동물들은 어떤 농가 옆을 지나갔어요.

На воротах сидел петух и орал изо всех сил.

수탉이 대문에 앉아서 있는 힘껏 울고 있었어요.

— Чего ты так орёшь? — спросил осёл.

"넌 왜 그렇게 울고 있니?" 당나귀가 물었어요.

— Что с тобой?

"무슨 일인데?"

— Это я предсказываю на завтра хорошую погоду, — ответил
петух, — ведь завтра праздник, и по этому случаю к нам
приедут гости, поэтому моя хозяйка без всякого милосердия
приказала повару сварить из меня суп.

"이건 내일의 좋은 날씨를 미리 알려 주는 거야," 수탉이 대답했어요. "어쨌든, 내일은 휴일이야.
그렇기 때문에 손님이 우리 집에 올 거야. 그래서 나의 집주인은 아무런 자비도 없이 요리사에게
나를 수프로 만들라고 명령했어."

 Слова

беглец 도망자 | **двор** 마당, 안뜰, 농가 | **ворота** 대문, 문, 입구 | **петух** 수탉 | **орать(нсв)** 소리
치다, (닭이) 울다 | **осёл** 당나귀 | **предсказывать – предсказать** 예보하다, 예언하다 | **ведь**
~때문에, 어쨌든 | **случай** 사건, 일, ~(으)로 인하여 (по случаю) | **всякий** 모든, 아무런 |
милосердие 자비, 동정 | **приказывать – приказать** 명령하다, 시키다

 Tip 마지막 문장의 **ведь**는 **потому что**와 같은 뜻인 '때문에'로 해석하면 됩니다.

— Мне сегодня вечером должны отрубить голову.

"그들은 오늘 밤 내 머리를 잘라야만 해."

— Вот я и кричу во всё горло, пока ещё могу.

"그래서 나는 아직 내가 할 수 있을 때 목청껏 운 거야."

— Ну что ты, красноголовый, — сказал осёл, — идём лучше с нами.

"무슨 말이야, 이 닭 볏아!" 당나귀가 말했어요. "차라리 우리랑 같이 가자!"

— Мы направляемся в Бремен.

"우리는 브레멘으로 갈 거야."

— Что-нибудь получше смерти ты везде найдёшь.

"너는 어딘가에서 죽는 것보다 더 좋은 것을 찾을 수 있을 거야."

— У тебя хороший голос и если мы запоём хором – получится великолепно.

"너는 좋은 목소리를 가지고 있어. 만약 우리가 같이 노래하면 훌륭해질 거야."

 Слова

отрубать – отрубить 자르다, 잘라 내다 | *во всё горло* 목청껏 | *направляться – направиться* 향하다, 가다 | *смерть* 죽음 | *везде* 어디에나, 도처에 | *находить – найти* 찾 아내다, 발견하다 | *хор* 합창 | *великолепно* 훌륭하게

отрубить는 '자르다, 잘라 내다'라는 뜻을 지닌 완료상 동사입니다. **что, кому**가 같이 쓰입니다. 예문을 통해 확인해 보세요.

✎ *У нас сегодня отрубили свет.* 오늘 정전되었어요(직역: 오늘 우리의 빛을 잘랐다).
    즉, 빛이 있는데 누가 확 잘라서 차단되는 느낌입니다. 회화체에서 자주 사용되는 표현입니다.

✎ *У старого дерева отрубили ветки.* 오래된 나무의 가지를 잘랐다.

Петуху понравилось это предложение и они отправились дальше вчетвером.

수탉은 그 제안이 마음에 들었고, 그들은 넷이서 더 멀리 떠났어요.

Но они не могли в один день дойти до Бремена и к вечеру пришли в лес, где решили переночевать.

하지만 그들은 하루만에 브레멘에 도착할 수 없었고, 저녁 무렵에 숲에서 밤을 보내기로 결정했어요.

Осёл и собака сели под большим деревом, кошка на ветвях, а петух взлетел на самую верхушку дерева, где ему казалось было безопасно.

당나귀와 개는 큰 나무 밑에, 고양이는 나뭇가지 위에 앉았고 수탉은 가장 안전해 보이는 높은 나무 꼭대기로 날아올랐어요.

Прежде чем заснуть, петух посмотрел на все четыре стороны и вдруг ему показалось, что он видит вдали огонёк.

잠들기 전에 수탉은 사방을 살펴봤는데, 갑자기 저 멀리서 불빛이 보이는 것 같았어요.

Он крикнул своим друзьям, что близко должен быть дом, потому что виден свет.

그는 친구들에게 빛이 보이기 때문에 집이 가까이 있는 것이 틀림없다고 소리쳤어요.

 Слова

предложение 제안, 신청, 제공 | отправляться – отправиться 떠나다, ~에서 출발하다 | вчетвером 넷이서 | ветвь 나뭇가지 | взлетать – взлететь 날아오르다, 이륙하다 | верхушка 꼭대기 | безопасно 안전하게 | заснуть(св) 잠이 들다 | показаться(св) ~(으)로 보이다, 느껴지다 | вдали 멀리 | кричать – крикнуть 소리치다 | должен быть 아마 ~임에 틀림없다

 Tip

предложение는 '제안, 신청, 제공, 프러포즈, 문장'의 다양한 의미를 가진 명사입니다. 예문을 통해 확인해 보세요.

✎ У меня есть к тебе предложение, работай у нас в офисе. 너에게 제안할게. 우리 사무실에서 일해.
В каждом моём предложении были ошибки. 각각의 나의 문장에는 실수가 있었다.

Прежде чем заснуть, петух посмотрел на все четыре стороны и вдруг ему показалось, что он видит вдали огонёк. 문장에서 ему는 'петух'를 가리킵니다. 또한 показалось는 무인칭 동사로, '~에게 ~것으로 생각되다, 느껴지다'라고 해석하면 됩니다.

1 러시아어 단어와 알맞은 뜻을 찾아 연결하세요.

① осёл •   • а 수탉

② петух •   • б 훌륭하게

③ отрубить •   • в 날아오르다, 이륙하다

④ взлететь •   • г 당나귀

⑤ великолепно •   • д 자르다, 잘라 내다

2 밑줄 친 'ему'가 가리키는 것으로 알맞은 것을 고르세요.

> Осёл и собака сели под большим деревом, кошка на ветвях, а петух взлетел на самую верхушку дерева, где ему казалось было безопасно. Прежде чем заснуть, петух посмотрел на все четыре стороны и вдруг **ему** показалось, что он видит вдали огонёк.

① осёл   ② люди   ③ петух   ④ кошка   ⑤ хозяин

3 [보기]에서 알맞은 표현을 활용하여 문장을 완성해 보세요.

> **보기** орал ┆ отправились ┆ направляемся ┆ милосердия

① На воротах сидел петух и _____ изо всех сил.

수탉이 대문에 앉아서 있는 힘껏 울고 있었어요.

② Поэтому моя хозяйка без всякого _____ приказала повару сварить из меня суп.

그래서 나의 집주인은 아무런 자비도 없이 요리사에게 나를 수프로 만들라고 명령했어.

③ Мы _____ в Бремен.

우리는 브레멘으로 갈 거야.

④ Петуху понравилось это предложение и они _____ дальше вчетвером.

수탉은 그 제안이 마음에 들었고, 그들은 넷이서 더 멀리 떠났어요.

4 오늘의 동화에서 배운 표현을 활용하여 러시아어로 작문해 보세요.

> 학생이 실수 없이 문장을 썼습니다.

➡

───

🔑 **КЛЮЧ** ученик 학생

정답 확인

① ①г ②а ③д ④в ⑤б

② ③

③ ① орал ② милосердия ③ направляемся ④ отправились

④ Ученик написал предложение без ошибок.

Кот в сапогах

장화 신은 고양이

Урок **16**

—

장화 신은 고양이 ①

Кот в сапогах ①

 오늘의 줄거리

ЧАСТЬ 1 오늘의 목표 문장 미리 보기

Как раз, когда он купался, королевская карета приехала к берегу реки.

Король немедленно приказал принести для Маркиза де Карабаса один из лучших нарядов королевского гардероба.

원어민의 음성으로 동화를 들은 뒤, 한 문장씩 읽어 보세요.

Как раз, когда он купался, королевская карета приехала к берегу реки.

마침, 마르키스 디 카라바스가 씻고 있을 때, 왕의 마차가 강가 쪽으로 도착했어요.

Кот со всех ног побежал к карете и закричал: — Сюда! Скорее! Помогите! Маркиз де Карабас тонет!

고양이는 전속력으로 달려가 소리쳤어요. "여기요! 빨리요! 도와주세요! 마르키스 디 카라바스가 물에 빠졌어요!"

Король, услышав эти крики, приоткрыл дверь кареты.

이 소리를 들은 왕이 마차의 문을 살짝 열었어요.

Он сразу же узнал кота, который так часто приносил ему подарки, и сейчас же послал своих слуг спасти Маркиза де Карабаса.

그는 그에게 자주 선물을 가져오는 고양이를 바로 알아보았고, 즉시 자신의 하인들을 마르키스 디 카라바스를 구하기 위해 보냈어요.

 Слова

как раз 마침, 곧 ∣ **купаться(нсв)** 수영하다, 씻다, 목욕하다 ∣ **карета** 마차 ∣ **берег реки** 강가, 강기슭 ∣ **со всех ног** 전속력으로, 매우 빠르게 ∣ **тонуть(нсв)** 가라앉다, 빠지다 ∣ **крик** 외치는 소리, 외침 ∣ **приоткрывать – приоткрыть** 살짝 열다 ∣ **сейчас же** 금방, 당장 ∣ **посылать – послать** 보내다, 전하다 ∣ **слуга** 하인, 종 ∣ **спасать – спасти** 구하다

 купаться는 '수영하다, 씻다, 목욕하다, 휩싸이다' 등 다양한 의미를 가진 동사입니다. 예문을 통해 확인해 보세요.

🖊 Я не люблю купаться в море.
저는 바다에서 수영하는 것을 싫어해요.

🖊 Она купалась в роскоши, благодаря своим богатым родителям.
그녀는 부유한 부모 덕분에 유복하게 살았다.
(직역: 그녀는 사치 속에서, 호화롭게 헤엄쳤다. 러시아인들이 자주 쓰는 표현)

В то время, как бедного маркиза вытаскивали из реки, кот рассказал королю, что во время купания воры украли всю одежду.

불쌍한 마르키스를 강에서 건져 낼 때, 고양이는 왕에게 씻는 동안 도둑들이 모든 옷을 훔쳐 갔다고 말했어요.

(На самом же деле хитрец спрятал бедное платье хозяина под большим камнем.)

(사실은 영악한 고양이가 주인의 누더기 옷을 커다란 돌 밑에 숨겼지요.)

Король немедленно приказал принести для Маркиза де Карабаса один из лучших нарядов королевского гардероба.

왕은 마르키스 디 카라바스를 위해 왕실 복장 중 가장 좋은 하나를 당장 가져오라고 명령했어요.

Всё вышло очень хорошо.

모든 일이 아주 잘되었어요.

 Слова

вытаскивать – вытащить 끌어내다, 건지다 ǀ вор 도둑 ǀ красть – украсть 훔치다, 가져가다 ǀ на самом деле 사실은 ǀ немедленно 즉시, 당장 ǀ наряд 복장, 의상, 명령, 지시 ǀ гардероб 옷 보관소, 옷장

наряд은 '복장, 의상, 명령, 증서, 부대' 등의 의미를 가지는 명사입니다. 예문을 통해 확인해 보세요.

✎ Её наряд был прекраснее всех.
그녀의 의상은 가장 아름다웠다.

✎ Я вызову наряд полиции, если вы не перестанете драться!
나는 당신이 싸우는 것을 멈추지 않으면, 경찰을(경찰 부대를) 부를 거예요!

마지막 문장 Всё вышло очень хорошо.에서 동사 вышло는 '나왔다, 됐다' 등의 뜻을 가지고 있습니다. 여기에서는 '됐다'로 이해하면 자연스럽습니다.

Король отнёсся к нему по-доброму и даже пригласил сесть в карету и прогуляться вместе.

왕은 그를 친절하게 대했고, 심지어 마차에 타고 함께 산책하자고 초대했어요.

Да и королевской дочери он очень понравился.

게다가 왕의 딸은 그를 매우 좋아했답니다.

Королевское платье на нем очень хорошо смотрелось.

왕실의 옷은 그에게 매우 잘 어울렸어요.

Кот, радуясь, что всё идёт, как он задумал, весело побежал перед каретой.

모든 일이 그가 생각한 대로 흘러가는 것을 기뻐하면서, 고양이는 마차를 향해 달려갔어요.

 Слова

относиться – отнестись 속하다, 태도를 취하다 | прогуливаться – прогуляться 산책하다, 거닐다 | королевский 왕(남, 여)의 | смотреться – посмотреться ~(으)로 보이다, 잘 어울리다 | радоваться(нсв) 기뻐하다 | задумывать – задумать 궁리하다, 곰곰이 생각하다

 Tip

относиться – отнестись는 к кому, чему와 결합하여 '~에 어느 태도를 취하다, ~태도를 취하다'라는 뜻을 가지고 있습니다. 결합한 형태로 기억해 주세요.

본문의 'Да и королевской дочери … понравился.' 이 문장에서의 Да и는 문맥상 к тому же와 같은 뜻인 '게다가'라고 해석하면 더 자연스럽습니다.

1 러시아어 단어와 알맞은 뜻을 찾아 연결하세요.

① купаться •

② карета •

③ наряд •

④ гардероб •

⑤ вытаскивать •

• а 복장, 의상, 명령, 지시

• б 옷 보관소, 옷장

• в 끌어내다, 건지다

• г 수영하다, 씻다

• д 마차

2 괄호 안에 들어갈 알맞은 동사를 고르세요.

> Всё ( ) очень хорошо.
> 모든 일이 아주 잘되었어요.

① смотрелось

② задумал

③ вытаскивало

④ вышло

⑤ приносило

3 [보기]에서 알맞은 표현을 활용하여 문장을 완성해 보세요.

> **보기** приоткрыл | тонет | спасти | отнёсся

① Помогите! Маркиз де Карабас _____!

도와주세요! 마르키스 디 카라바스가 물에 빠졌어요!

② Король, услышав эти крики, _____ дверь кареты.

이 소리를 들은 왕이 마차의 문을 <u>살짝 열었어요.</u>

③ И сейчас же послал своих слуг _____ Маркиза де Карабаса.

즉시 자신의 하인들을 마르키스 디 카라바스를 <u>구하기 위해</u> 보냈어요.

④ Король _____ к нему по доброму и даже пригласил сесть в карету и прогуляться вместе.

왕은 그를 친절하게 <u>대했고,</u> 심지어 마차에 타고 함께 산책하자고 초대했어요.

4 오늘의 동화에서 배운 표현을 활용하여 러시아어로 작문해 보세요.

> 나는 여름에 수영하는 것을 좋아한다.

➡ ....

정답 확인

① ① г ② д ③ а ④ б ⑤ в

② ④

③ ① тонет ② приоткрыл ③ спасти ④ отнёсся

④ Я люблю купаться летом.

Урок **17**

장화 신은 고양이 ②

Кот в сапогах ②

 오늘의 줄거리

ЧАСТЬ 1 오늘의 목표 문장 미리 보기

Сразу же залез на крышу прямо по водосточной трубе.

Когда великан снова принял своё прежнее обличье, …

원어민의 음성으로 동화를 들은 뒤, 한 문장씩 읽어 보세요.

Кот так испугался, увидев перед собой льва, что сразу же залез на крышу прямо по водосточной трубе.

고양이는 앞에 있는 사자를 보고 매우 놀랐어요. 어찌나 놀랐는지, 곧장 배수관을 통해 지붕 위로 올라갔어요.

Это было не только трудно, но даже и опасно, потому что в сапогах не просто ходить по гладкой крыше.

이것은 어려웠을 뿐 아니라 위험하기까지 했어요. 왜냐하면 장화를 신고 평평한 지붕을 오르는 것은 보통 일이 아니었기 때문이지요.

Когда великан снова принял своё прежнее обличие, кот спустился с крыши и признался людоеду, что чуть не умер от страха.

거인이 자신의 원래 모습으로 돌아왔을 때, 고양이는 지붕에서 내려와 식인종에게 무서워서 죽을 뻔했다고 고백했어요.

 Слова

лев 사자 | **залезать – залезть** 기어오르다, ~안에 들어가다 | **прямо** 곧장 | **водосточная труба** 배수관 | **не только А, но и Б** А뿐만 아니라 Б도 | **сапоги** 장화, 부츠 | **гладкий** 평평한, 고른 | **великан** 거인 | **прежний** 전의, 옛날의 | **обличье** 외관, 외모 | **спускаться – спуститься** 내리다, 내려가다 | **признаваться – признаться** 고백하다, 인정하다 | **людоед** 식인종, (동화 속) 식인 악마 | **чуть не** ~할 뻔하다, 하마터면

 залезть는 '기어오르다, 안에 들어가다, (훔치려고 손 등을) 밀어 넣다' 등 다양한 의미를 가진 동사입니다. 예문을 통해 확인해 보세요.

✎ Зачем ты залез в такие большие долги?
너는 왜 그렇게 많은 빚을 졌니? (직역: 너는 왜 그런 큰 빚으로 들어갔니?)

✎ Вор залез в её сумку, и вытащил кошелёк.
도둑은 그녀의 가방에 (손을) 집어넣었고 지갑을 꺼냈습니다.

принять는 '받아들이다, 복용하다, 맞아들이다'라는 뜻을 가진 동사입니다. 예문을 통해 확인해 보세요.

✎ Не забудь принять лекарство сегодня вечером.
오늘 저녁에 약을 복용하는 것을 잊지 마.

✎ Они приняли меня в свой дом, как родную дочь.
그들은 나를 자신의 집으로 친딸처럼 맞아들였습니다.

— А ещё мне говорили, — сказал кот, — но этому я никак не поверю, что вы можете превратиться даже в самых маленьких животных.

"그리고 사람들이 또 저한테 얘기했었어요." 고양이가 말했어요. "난 절대 믿을 수 없지만, 당신이 아주 작은 동물들로 변신할 수 있다는 걸요."

— Например, превратиться в крысу или мышку.

"예를 들어 큰 쥐나 작은 쥐로 변하는 거요."

— Я считаю, это совершенно невозможно.

"나는 완전히 불가능하다고 생각해요."

— Ах, вот как! Думаешь не могу? — заревел великан. — Так смотри же!

"아, 그렇다는 거지? 넌 내가 못할 거라고 생각하는 거구나?" 거인이 울부짖었어요. "자, 잘 봐!"

Слова

никак 결코 | **превращаться – превратиться** 변하다, ~(으)로 되다 | **крыса** 큰 쥐 | **совершенно** 완전하게, 아주 | **звереветь**(св) 울부짖기 시작하다

крыса는 시궁쥐를 포함하여 주둥이가 길고 몸집이 큰 쥐 종류를, мышь는 작은 생쥐와 같이 좀 더 일반적인 쥐를 의미합니다.

В то же мгновение великан превратился в очень маленькую мышку.

그 순간, 거인은 아주 작은 쥐로 변했어요.

Мышка быстро побежала по полу.

쥐는 빠르게 바닥을 달렸지요.

И тут кот, на то ведь он и кот, прыгнул на мышку, поймал её и съел.

그리고 이 고양이는, 고양이이기 때문에, 쥐 위로 뛰어올라 쥐를 잡아먹었어요.

Так и не стало страшного людоеда.

그래서 무서운 식인종이 더는 존재하지 않게 되었어요.

 Слова

в то же мгновение 바로 그 순간에, 순식간에 ǀ **пол** 바닥, 마루 ǀ **ведь** ~이기 때문에, ~이니까 ǀ **прыгать – прыгнуть** 뛰다, 뛰어오르다 ǀ **ловить – поймать** 붙잡다, 잡다 ǀ **так и** 그래서(결과에 대해 말할 때) ǀ **кого не стало** 존재하지 않게 되었다

 И тут кот, (на то ведь он и кот), прыгнул на мышку, поймал её и съел. 문장에서 괄호 속 내용은 고양이가 이렇게 행동한 이유에 대해 설명 및 강조하고자 썼습니다. **на то ведь** 표현은 **потому что**와 같은 뜻으로 '~이니까, 때문에'라고 해석하면 자연스럽습니다.

1 러시아어 단어와 알맞은 뜻을 찾아 연결하세요.

① водосточная труба   •　　　　　　　• а 평평한, 고른

② гладкий   •　　　　　　　• б 배수관

③ мгновение   •　　　　　　　• в 순간, 순식간

④ поймать   •　　　　　　　• г 붙잡다, 잡다

⑤ спуститься   •　　　　　　　• д 내리다, 내려가다

2 괄호 안에 들어갈 알맞은 동사를 고르세요.

> Кот так испугался, (**а**) перед собой льва, что сразу же (**б**) на крышу прямо по водосточной трубе.
>
> 고양이는 앞에 있는 사자를 보고 매우 놀랐어요. 어찌나 놀랐는지, 곧장 배수관을 통해 지붕 위로 올라갔어요.

① а: залез, б: превратился

② а: залезав, б: побежал

③ а: увидев, б: залезать

④ а: увидев, б: залезать

⑤ а: увидев, б: залез

3 [보기]에서 알맞은 표현을 활용하여 문장을 완성해 보세요.

> **보기**   совершенно ┆ прыгнул ┆ так и не стало ┆ превратиться

① Например, _____ в крысу или мышку.

예를 들어 큰 쥐나 작은 쥐로 <u>변하는 거요.</u>

② Я считаю, это _____ невозможно.

나는 <u>완전히</u> 불가능하다고 생각해요.

③ И тут кот, на то ведь он и кот, _____ на мышку, поймал её и съел.

그리고 이 고양이는, 고양이이기 때문에, 쥐 위로 <u>뛰어올라</u> 쥐를 잡아먹었어요.

④ _____ страшного людоеда.

<u>그래서</u> 무서운 식인종이 <u>더는 존재하지 않게 되었어요.</u>

4 오늘의 동화에서 배운 표현을 활용하여 러시아어로 작문해 보세요.

> 이 약을 식전에 복용하세요.

➡ ....

🔑 **КЛЮЧ** **еда** 식사

정답 확인

1 ① б   ② а   ③ в   ④ г   ⑤ д

2 ⑤

3 ① превратиться   ② совершенно   ③ прыгнул   ④ Так и не стало

4 Принимайте это лекарство перед едой.

Красавица и чудовище

미녀와 야수

Урок 18

미녀와 야수
Красавица и чудовище

 오늘의 줄거리

ЧАСТЬ 1 **오늘의 목표 문장 미리 보기**

Красавица настаивала на своём: — Я никогда не прощу себе, если вы умрёте из-за меня.

— У тебя доброе сердце, и я буду добр к тебе, — сказало Чудовище и исчезло.

원어민의 음성으로 동화를 들은 뒤, 한 문장씩 읽어 보세요.

Но Красавица настаивала на своём: — Я никогда не прощу себе, — сказала она, — если вы умрёте из-за меня.

그러나 미녀는 주장했어요. "저는 저 자신을 절대로 용서하지 않을 거예요." 그녀가 말했어요. "만약 당신이 나 때문에 죽는다면."

Сёстры же были, напротив, очень рады избавиться от неё.

언니들은 반대로, 그녀로부터 벗어나게 되어 매우 기뻐했어요.

Отец позвал её и показал сундук, полный золота.

아버지는 그녀를 불렀고 금으로 가득 찬 궤를 보여 주었어요.

— Как хорошо! — радостно сказала добрая Красавица. — И это будет их приданое.

"너무 좋아요!" 착한 미녀는 기쁘게 말했어요. "그리고 이것은 그들의 예물이 될 것이에요."

На следующий день Красавица отправилась в путь.

다음 날 미녀는 길을 떠났어요.

Братья плакали, а сёстры, натёрли луком глаза и тоже плакали.

오빠들은 울었고, 자매들 또한 눈을 양파로 문지른 후 울었어요.

 Слова

настаивать – настоять 주장하다 | умирать – умереть 죽다 | избавляться – избавиться 벗어나다 | сундук (자물쇠가 걸린) 궤, 상자 | полный 가득 찬 | приданое 예물, 지참금 | отправляться – отправиться 떠나다, 출발하다 | натирать – натереть 문지르다

 두 번째 문장에서 же는 '그러나, 하지만'으로 해석하면 되겠습니다.

настаивать는 '주장하다, 고수하다, 담그다' 등 다양한 뜻을 가지고 있습니다. настаивать на своём (мнении)로 사용하면 '자신의 의견을 주장하다'로 자주 쓰는 형태입니다. 예문을 통해 확인해 보세요.

✎ Он настаивал на том, чтобы они переехали в другой город.
그는 그들이 다른 도시로 이사할 것을 주장했습니다.

✎ Эту лекарственную настойку нужно настаивать в течении трёх недель.
이 약술은 3주 동안 담가야 합니다.

Лошадь быстро сама нашла обратный путь к замку.

말은 재빨리 성으로 돌아가는 길을 찾았어요.

Войдя в зал, она увидела стол на двоих, с винами и едой. Красавица старалась не бояться.

홀에 들어서자, 그녀는 와인과 음식이 있는 2인용 테이블을 보았어요. 미녀는 무서워하지 않으려고 노력했지요.

Она подумала: — Чудовище, должно быть, хочет сожрать меня, поэтому откармливает.

그녀는 생각했어요. '괴물이 틀림없이 나를 배불리 먹기 위해 날 키우는 걸 거야.'

После обеда появилось рычащее Чудовище и спросило её:
— Пришла ли ты сюда по собственной воле?

점심 식사를 마친 후 으르렁거리는 야수가 나타나 그녀에게 물었어요. "너는 너의 의지로 여기에 온 거니?"

— Да. — ответила Красавица тихим голосом.

"네." 미녀가 작은 목소리로 대답했어요.

— У тебя доброе сердце, и я буду добр к тебе. — сказало Чудовище и исчезло.

"넌 착한 마음을 가지고 있구나, 나는 너에게 잘해 줄 거야." 야수가 말을 하고 사라졌어요.

 Слова

лошадь 말(馬) ∣ обратный 역행의, 돌아가는 ∣ замок 성(城) ∣ на двоих 2인용 ∣ бояться 무서워하다 ∣ чудовище 괴물, 야수 ∣ жрать – сожрать 게걸스럽게 먹다, 배불리 먹다 ∣ откармливать – откормить (가축을) 기르다, 먹이다 ∣ появляться – появиться 나타나다, 출현하다 ∣ рычащий 으르렁거리는 ∣ собственный 자신의, 개인 소유의 ∣ тихий 낮은, 조용한 ∣ исчезать – исчезнуть 사라지다

 Tip

исчезнуть는 '사라지다, 없어지다' 등의 뜻을 가지고 있는 완료상 동사입니다. 예문들을 통해 확인해 보세요.

🖊 Куда исчез мой телефон? 내 휴대폰이 어디 갔지? (어디로 사라졌지?)
🖊 Улыбка быстро исчезла с его лица, когда он увидел разгневанного начальника.
그가 화난 상사의 얼굴을 보자 그의 얼굴에서 미소가 금세 사라졌다.

'1인(용) на одного', '2인(용) на двоих', '3인(용) на троих', '4인(용) на четверых', '5인(용) на пятерых'까지 알아 두세요.

Красавица проснулась утром и подумала: — Чему быть — того не миновать.

미녀는 아침에 일어나 생각했어요. '운명은 거스를 수 없어.'

Поэтому я не буду волноваться.

'그래서 나는 걱정하지 않을 거야.'

Чудовище скорее всего не будет меня есть утром, поэтому я прогуляюсь пока по парку.

'야수는 아마 아침에 나를 먹지 않을 거야. 그러니 일단 공원에서 산책을 해야겠다.'

Она с удовольствием погуляла по замку и парку.

그녀는 즐겁게 성과 공원을 따라 산책했어요.

 Слова

миновать 지나치다, (+ не) 피할 수 없다 | **волноваться(нсв)** 물결치다, 걱정하다 | **скорее всего** 아마 ~할 것이다 | **прогуливаться – прогуляться** 거닐다, 산책하다 | **пока** ~하는 동안, 당분간, 잠깐 | **удовольствие** 만족, 기쁨

 Чему быть — того не миновать는 러시아어 속담입니다. 직역하면 '무엇이 있다면 그것은 피할 수 없다.' 이고 속뜻은 '일어날 일은 피할 수 없다.', '운명은 거스를 수 없다.'라는 의미로 통합니다.

마지막 문장에서 по замку и парку는 성과 공원을 벗어나지 않고 '그 안에서, 성과 공원을 따라'를 의미합니다.

1 러시아어 단어와 알맞은 뜻을 찾아 연결하세요.

① чудовище • • а 주장하다, 고수하다

② настаивать • • б 게걸스럽게 먹다, 배불리 먹다

③ избавиться • • в 괴물, 야수

④ сожрать • • г 사라지다

⑤ исчезнуть • • д 벗어나다, ~을(를) 없애다

2 '주장하다'의 뜻을 가진 동사를 괄호에 들어갈 형태로 알맞게 바꾼 것을 고르세요.

> Но Красавица (   ): — Я никогда не прощу себе, — сказала она, — если вы, умрёте из-за меня.

① настаивал на своём мнении   ② настаивала на своём

③ настаивай   ④ настаивая в его мнение

3 괄호 안에 들어갈 전치사로 알맞은 것을 고르세요.

> Она ( ) удовольствием погуляла ( ) замку и парку.
> 그녀는 즐겁게 성과 공원을 따라 산책했어요.

① с, как   ② в, по   ③ с, по   ④ к, по   ⑤ с, в

4 [보기]에서 알맞은 표현을 활용하여 문장을 완성해 보세요.

> **보기** на двоих │ чему быть — того не миновать │ натёрли │
> по собственной воле

① Братья плакали, а сёстры, _____ луком глаза и тоже плакали.

오빠들은 울었고, 자매들 또한 눈을 양파로 <u>문지른 후</u> 울었어요.

② Войдя в зал, она увидела стол _____, с винами и едой.

홀에 들어서자, 그녀는 와인과 음식이 있는 <u>2인용</u> 테이블을 보았어요.

③ Пришла ли ты сюда _____?

너는 <u>너의 의지로</u> 여기에 온 거니?

④ Красавица проснулась утром и подумала: —
_____.

미녀는 아침에 일어나 생각했어요. '<u>운명은 거스를 수 없어.</u>'

5 오늘의 동화에서 배운 표현을 활용하여 러시아어로 작문해 보세요.

> 내 가방이 어디로 사라졌지?

➡ _____

정답 확인

1 ① в ② а ③ д ④ б ⑤ г

2 ②

3 ③

4 ① натёрли ② на двоих ③ по собственной воле ④ Чему быть – того не миновать

5 Куда исчезла моя сумка?

Белоснежка

백설 공주

Урок 19

—

백설 공주 ①
Белоснежка ①

 **오늘의 줄거리**

ЧАСТЬ 1 **오늘의 목표 문장 미리 보기**

Год спустя взял король себе другую жену.

Белоснежка за это время подросла и становилась всё красивей.

원어민의 음성으로 동화를 들은 뒤, 한 문장씩 읽어 보세요.

Королева родила вскоре дочку, и была она бела, как снег, как кровь, румяна, и такая черноволосая, как черное дерево, и прозвали её потому Белоснежкой.

왕비는 곧 딸을 낳았는데, 그녀는 눈처럼 희고, 혈색이 좋았고, 흑단 같은 흑발이었어요. 그래서 그들은 그녀를 백설 공주라고 불렀답니다.

А когда ребёнок родился, королева умерла.

그리고 아이가 태어났을 때 왕비는 죽었어요.

Год спустя взял король себе другую жену.

약 1년 후, 왕은 다른 아내를 데려왔어요.

Она была красивая женщина, но гордая и надменная, и она ненавидела, когда кто-нибудь был красивее её.

그녀는 아름다운 여자였지만, 거만하고 건방졌어요. 그녀는 그녀보다 예쁜 사람이라면 누구든지 싫어했답니다.

 Слова

вскоре 얼마 안 있어, 곧 | снег 눈(雪) | кровь 피 | румяный 붉은, 홍조를 띤, 혈색이 좋은 | черноволосый 머리카락이 검은 | черное дерево (Эбеновое дерево) 흑단(나무 종류) | прозывать – прозвать 별명을 붙이다, 이름을 짓다 | спустя 후에, 지나서 | брать – взять 가지다, 쥐다, 얻다 | гордый 자신만만한, 거만한 | надменный 교만한, 건방진 | ненавидеть – возненавидеть 미워하다, 증오하다

 румяна는 румяный의 형용사 단어미형입니다.

взять는 '가지다, 쥐다, 얻다, 체포하다, 고용하다'라는 의미를 가지고 있습니다. 예문을 통해 확인해 보세요.

✎ Меня взяли поваром в хороший ресторан.
좋은 식당에서 나를 요리사로 고용했다. (나는 좋은 식당에 요리사로 고용되었다.)

✎ Сегодня вечером его взяли с поличным. 오늘 저녁에 증거물과 함께 그를 체포했다.

Было у неё волшебное зеркальце, и когда становилась она перед ним и смотрелась в него, то спрашивала:

그녀는 마법의 거울을 가지고 있었어요. 그리고 그녀는 거울 앞에 서서 거울을 보며 이렇게 물었어요.

— Зеркальце, зеркальце на стене, кто всех красивей во всей стране?

"거울아, 벽에 있는 거울아, 세상에서 누가 제일 예쁘니?"

И зеркало отвечало: — Вы, королева, всех красивей в стране.

그리고 거울은 대답했어요. "왕비님 당신은 모든 사람들 중에 가장 아름답습니다."

Слова

волшебный 마법의, 요술의 I зеркало (귀여운 표현: зеркальце) 거울 I становиться – стать 서다, 되다 I смотреть(ся) в зеркало 거울을 보다

첫 번째 문장의 'Было у неё … смотрелась в него, то спрашивала.'에서 смотрелась в него는 '거울을 보다'라는 뜻입니다. 여기서 в него는 '거울(거울 속)'을 의미합니다. 또한 то는 '그때'의 뜻으로 해석할 수 있습니다.

И она была довольна, так как знала, что зеркало говорит правду.

그리고 그녀는 거울이 진실을 말하고 있다는 것을 알았기 때문에 만족스러웠어요.

Белоснежка за это время подросла и становилась всё красивей, и когда ей исполнилось семь лет, была она такая прекрасная, как ясный день, и красивее самой королевы.

그사이 백설 공주는 자라서 더욱더 아름다워졌고, 일곱 살이 되었을 때, 그녀는 맑은 날처럼 아름다웠고, 왕비보다 더 예뻐졌어요.

 Слова

довольный 만족한, 흡족한 **| так как** 왜냐하면 **| правда** 진실 **| подрастать – подрасти** 성장하다, 자라다 **| исполняться – исполниться** 실현하다, ~이(가) 되다, ~(나이)에 이르다 **| ясный** 밝은, 맑은, 분명한, 빛나는

 Tip

становиться는 '서다, 되다'라는 뜻을 가지고 있습니다. 예문을 통해 확인해 보세요.

✎ С годами мы становимся мудрее. 해가 갈수록 우리는 지혜로워집니다.

✎ В этой комнате стол становится к окну. 이 방에는 책상이 창문 쪽으로 (서) 있습니다.

всё + 비교급이 오면 всё는 '더욱더'라는 뜻으로 해석하시면 되겠습니다.

1 러시아어 단어와 알맞은 뜻을 찾아 연결하세요.

① румяный •

② зеркало •

③ надменный •

④ прозвать •

⑤ подрасти •

• а 성장하다, 자라다

• б 붉은, 홍조를 띤

• в 별명을 붙이다, 이름을 짓다

• г 교만한, 건방진

• д 거울

2 괄호 안에 들어갈 동사로 알맞게 짝지어진 것을 고르세요.

> Белоснежка за это время (   ) и (   ) всё красивей.
> 그사이 백설 공주는 자라서 더욱더 아름다워지고 있었어요.

① ненавидела, становилась

② прозывала, стала

③ выросла, надменная

④ подросла, становилась

3 괄호 안에 들어갈 알맞은 전치사를 고르세요.

> Было у неё волшебное зеркальце, и когда становилась она перед ним и
> смотрелась (а) него, (б) спрашивала:
> 그녀는 마법의 거울을 가지고 있었어요. 그리고 그녀는 거울 앞에 서서 거울을 보며 이렇게 물었어요.

① а: на, б: там

② а: и, б: и

③ а: вот, б: тоже

④ а: в, б: то

⑤ а: в, б: или

4 [보기]에서 알맞은 표현을 활용하여 문장을 완성해 보세요.

> **보기** кто всех красивей ㅣ ненавидела ㅣ волшебное зеркальце ㅣ ясный день

① Она _____, когда кто-нибудь был красивее её.

누군가가 그녀보다 예쁜 것을 <u>싫어했어요.</u>

② Было у нее _____, и когда становилась она перед ним и смотрелась в него, то спрашивала:

그녀는 <u>마법의 거울을</u> 가지고 있었어요. 그리고 그녀는 거울 앞에 서서 거울을 보며 이렇게 물었어요.

③ Зеркальце, зеркальце на стене, _____ во всей стране?

거울아, 벽에 있는 거울아, <u>세상에서 누가 제일 예쁘니?</u>

④ Когда ей исполнилось семь лет, была она такая прекрасная, как _____, и красивее самой королевы.

그녀가 일곱 살이 되었을 때, 그녀는 <u>맑은 날</u>처럼 아름다웠고, 왕비보다 더 예뻐졌어요.

5 오늘의 동화에서 배운 표현을 활용하여 러시아어로 작문해 보세요.

> 나는 이 책을 가져갈게. 이거 얼마야?

➡

정답 확인

1 ① б ② д ③ г ④ в ⑤ а

2 ④

3 ④

4 ① ненавидела ② волшебное зеркальце ③ кто всех красивей ④ ясный день

5 Я возьму эту книгу. Сколько она стоит?

Урок 20

백설 공주 ②
Белоснежка ②

 오늘의 줄거리

ЧАСТЬ 1 오늘의 목표 문장 미리 보기

Наступило утро.

— Хочешь вести наше хозяйство, стряпать, постели заправлять, стирать, шить и вязать, всё содержать в чистоте и порядке, …

원어민의 음성으로 동화를 들은 뒤, 한 문장씩 읽어 보세요.

Наступило утро.

아침이 되었어요.

Проснулась Белоснежка, увидела семь гномов и испугалась.

백설 공주는 깨어나서 일곱 난쟁이를 보고는 겁에 질렸어요.

Но были они с ней ласковы и спросили: — Как тебя зовут?

그러나 그들은 상냥하게 물었어요. "너는 이름이 뭐니?"

— Зовут меня Белоснежка, — ответила она.

"난 백설 공주예요." 그녀가 대답했어요.

— Как ты попала в наш дом?

"너는 우리 집에 어떻게 왔니?"

И рассказала она им о том, что мачеха хотела её убить, но егерь сжалился над ней, и она бежала целый день, пока, наконец, не нашла их дом.

그리고 그녀는 난쟁이들에게, 계모가 그녀를 죽이고 싶어 했지만 사냥꾼이 그녀를 불쌍히 여겼고, 그녀는 하루 종일 달려서 마침내 그들의 집을 찾을 때까지 도망쳤다고 이야기했어요.

 Слова

наступать – наступить (시기, 계절이) 오다, 도래하다 ǀ гном 난쟁이 ǀ ласковый 상냥한, 부드러운 ǀ попадать – попасть 떨어지다, 도착하다 ǀ мачеха 계모 ǀ егерь 사냥꾼 ǀ сжалиться (над + 조격) 가엾이 여기다

наступать - наступить는 '밟다, 도래하다, (시기, 계절이) 오다' 등의 뜻을 가진 동사입니다.

✎ Не наступай на эту обувь. 이 신발을 밟지 마.

✎ Смерть может наступить внезапно из-за несчастного случая.
죽음은 사고로 인해 갑자기 올 수 있습니다.

Гномы спросили: — Хочешь вести наше хозяйство, стряпать, постели заправлять, стирать, шить и вязать, всё содержать в чистоте да порядке, если согласна на это, можешь у нас остаться, и всего у тебя будет в достатке.

난쟁이들이 물었어요. "네가 원해서 우리의 살림살이를 하고, 이불을 정리하고, 빨래를 하고, 바느질을 하고, 뜨개질을 하고, 모든 것을 깨끗하고 질서 정연하게 하는 것에 만약 동의한다면, 너는 우리와 함께 머무를 수 있고 너에게 부족한 것은 없을 거야."

— Хорошо, — сказала Белоснежка, с радостью.

"좋아요," 백설 공주가 기뻐하며 말했어요.

И осталась она у них.

그리고 그녀는 그들의 집에 머물렀답니다.

 Слова

вести хозяйство 살림하다, 살림을 꾸리다 ㅣ **стряпать – состряпать** (음식을) 차리다, 밥을 짓다 ㅣ **заправлять – заправить** 위치를 바르게 하다, 밀어 넣다, 주유하다 ㅣ **стирать – стереть** 씻다, 세탁하다 ㅣ **вязать**(нсв) 묶다, 뜨개질을 하다 ㅣ **достаток** 충분, 번영, 복지 ㅣ **содержать в чистоте** 깨끗하게 유지하다, 정돈하다

 заправлять – заправить는 '위치를 바르게 하다, 밀어 넣다, 주유하다'의 뜻을 가집니다. 예문을 통해 확인해 보세요.

✎ В этом месте можно заправлять машину бензином.
이곳에서 휘발유로 자동차를 주유할 수 있습니다.

✎ Заправь рубашку в брюки, чтобы выглядеть аккуратно.
깔끔하게 보이기 위해서 셔츠를 바지 안에 넣어.

Она поддерживала дом в порядке, утром гномы уходили в горы искать руду и золото, а вечером возвращались домой, и она должна была к их приходу приготовить еду.

그녀는 집을 정리 정돈했고, 아침에 난쟁이들은 광물과 금을 찾으러 산으로 떠나 저녁에 집으로 돌아왔어요. 그녀는 그들이 도착할 때까지 음식을 준비해야 했어요.

Целый день девочка оставалась одна, и потому добрые гномы её предупреждали и говорили: — Берегись своей мачехи. Она скоро узнает, что ты здесь, смотри, никого не впускай в дом.

하루 종일 소녀 혼자 남아 있었기 때문에 착한 난쟁이들은 그녀에게 미리 경고하면서 말했어요. "계모를 조심해. 그녀는 곧 네가 여기에 있다는 것을 알게 될 거야. 아무도 집에 들여보내지 마."

 Слова

поддерживать – поддержать 지지하다, 유지하다 ∣ руда 광석, 광물 ∣ возвращаться – возвратиться 돌아가(오)다, 되돌리다 ∣ приход 도착, 수입, 입금 ∣ предупреждать – предупредить 미리 경고하다, 경계시키다 ∣ беречься(нсв) 주의하다, 조심하다 ∣ впускать – впустить 들여보내다

 Tip

берегись는 беречься '주의하다, 조심하다'의 뜻을 가진 불완료상 동사의 명령형입니다.

предупреждать – предупредить는 кого, о чём과 함께 쓰여 '~에게 ~에 대해 경고하다'라는 뜻으로도 사용됩니다.

1 러시아어 단어와 알맞은 뜻을 찾아 연결하세요.

① гном •   • а 난쟁이

② руда •   • б 충분, 번영, 복지

③ достаток •   • в 광석, 광물

④ ласковый •   • г 살림하다, 살림을 꾸리다

⑤ вести хозяйство •   • д 상냥한, 부드러운

2 괄호 안에 들어갈 'беречься' 동사의 알맞은 형태를 고르세요.

— ( ) своей мачехи. Она скоро узнает, что ты здесь, смотри, никого не впускай в дом.

"계모를 조심해. 그녀는 곧 네가 여기에 있다는 것을 알게 될 거야. 아무도 집에 들여보내지 마."

① берегись   ② берёгся   ③ бережётся

④ берёгшись   ⑤ уберегитесь

3 [보기]에서 알맞은 표현을 활용하여 문장을 완성해 보세요.

> **보기** 　поддерживала дом в порядке ｜ предупреждали ｜ попала ｜
> сжалился над ней

① Как ты ＿＿＿＿＿＿ в наш дом?

너는 우리 집에 어떻게 <u>왔니?</u>

② Егерь ＿＿＿＿＿＿＿, и она бежала целый день, пока, наконец, не нашла их дом.

사냥꾼이 <u>그녀를 불쌍히 여겼고</u>, 그녀는 하루 종일 달려서 마침내 그들의 집을 찾을 때까지 도망쳤다고 이야기했어요.

③ Она ＿＿＿＿＿＿＿＿＿, утром гномы уходили в горы искать руду и золото.

그녀는 <u>집을 정리 정돈했고</u>, 아침에 난쟁이들은 광물과 금을 찾으러 산으로 떠났어요.

④ Добрые гномы её ＿＿＿＿＿＿ и говорили.

착한 난쟁이들은 그녀에게 미리 <u>경고하면서</u> 말했어요.

4 오늘의 동화에서 배운 표현을 활용하여 러시아어로 작문해 보세요.

> 어느덧 저녁이 되었어요.

➡ ＿＿＿＿＿＿＿＿＿＿＿＿＿＿＿＿＿＿＿＿＿＿＿＿＿＿＿

🔑 **ключ** незаметно 어느덧

정답 확인

① ①а ②в ③б ④д ⑤г

② ①

③ ① попала　② сжалился над ней　③ поддерживала дом в порядке　④ предупреждали

④ Незаметно наступил вечер.

동화 로 배우는

Level up!

러시아어

명작 동화 미니북

Ⓢ 시원스쿨닷컴

СКАЗКА
1

빨간 모자

Красная Шапочка

Жила-была маленькая девочка.

Мать любила её без памяти, а бабушка ещё больше.

Ко дню рождения бабушка подарила ей красную шапочку.

С тех пор девочка везде в ней ходила. Соседи так про неё и говорили:

— Вот Красная Шапочка идёт!

Как-то раз испекла мама пирожок и сказала дочке:

— Сходи, Красная Шапочка, к бабушке, отнеси ей пирожок и горшочек масла и узнай, здорова ли она.

Собралась Красная Шапочка и пошла к бабушке.

Идёт она лесом, а навстречу ей — серый Волк.

— Куда ты идёшь, Красная Шапочка? — спрашивает Волк.

— Иду к бабушке и несу ей пирожок и горшочек масла.

— А далеко живёт твоя бабушка?

— Далеко, — отвечает Красная Шапочка. — Вон в той деревне, за мельницей, в первом домике с края.

— Ладно, — говорит Волк, — я тоже хочу навестить твою бабушку.

— Я по этой дороге пойду, а ты иди по той.

Посмотрим, кто из нас раньше придёт.

Сказал это Волк и побежал, изо всех сил, по самой короткой дорожке.

А Красная Шапочка пошла по самой длинной дороге.

Шла она не торопясь, по пути останавливалась, собирала цветы.

Не успела она ещё до мельницы дойти, а Волк уже пришёл к бабушкиному домику и стучится в дверь: тук-тук!

— Кто там? — спрашивает бабушка.

Красная Шапочка дёрнула за верёвочку и дверь открылась.

Вошла девочка в домик, а Волк спрятался под одеяло и говорит:

— Внучка, положи пирожок на стол, горшочек на полку, а сама ложись рядом со мной!

Красная Шапочка легла рядом с Волком и спрашивает:

— Бабушка, почему у вас такие большие руки?

— Это чтобы покрепче обнять тебя.

— Бабушка, почему у вас такие большие уши?

— Чтобы лучше слышать.

— Бабушка, почему у вас такие большие глаза?

— Чтобы лучше видеть.

— Бабушка, почему у вас такие большие зубы?

— А это чтоб скорее съесть тебя!

Не успела Красная Шапочка и охнуть, как Волк бросился на неё и съел.

Но, к счастью, в это время проходили мимо домика дровосеки с топорами.

Услышали они шум, вбежали в домик и убили Волка.

А потом разрезали ему брюхо, и оттуда вышла Красная Шапочка, а за ней и бабушка.

Обе целые и невредимые.

СКАЗКА
2

아주 작은 집

———

Теремок

Стоит в поле теремок. Бежит мимо мышка-норушка.

Увидела теремок, остановилась и спрашивает:
— Терем-теремок!

— Кто в тереме живёт? Никто не отвечает. Вошла мышка в теремок и стала там жить.

Прискакала к терему лягушка-квакушка и спрашивает:

— Терем-теремок! Кто в тереме живёт? — Я, мышка-норушка! А ты кто?

— А я лягушка-квакушка. — Иди ко мне жить! Лягушка прыгнула в теремок. Стали они вдвоём жить.

Медведь и полез в теремок.

Лез-лез, лез-лез — никак не мог влезть и говорит:

— А я лучше у вас на крыше буду жить.

— Да ты нас раздавишь. — Нет, не раздавлю.

— Ну так залезай!

Залез медведь на крышу и как только сел — трах!

— развалился теремок.

Затрещал теремок, упал набок и весь развалился. Еле-еле успели из него выбежать мышка-норушка, лягушка-квакушка, зайчик-побегайчик, лисичка-сестричка, волчок-серый бочок — все целы и невредимы.

Начали они брёвна носить, доски пилить — новый

теремок строить.

Лучше прежнего построили!

신데렐라

Золушка

Вот пришла она на пир в этом платье, и никто не знал, что и сказать от восхищения.

Принц танцевал только с Золушкой, а если кто-то её приглашал, он говорил: — Я с ней танцую.

Вот наступил вечер и собралась Золушка уходить; и принц хотел её проводить, но она так ловко от него ускользнула, что он даже этого и не заметил.

Поэтому придумал принц хитрость: он приказал вымазать всю лестницу смолой; и когда она от него убегала, то туфелька с её левой ноги осталась на одной из ступенек.

Принц поднял эту туфельку, и была она такая маленькая и нарядная и вся из чистого золота.

На другое утро пошёл королевич с этой туфелькой к отцу и говорит:

— Моей женой будет только та, которой подойдёт эта золотая туфелька.

— И эта тоже не настоящая, — сказал он, — нет ли у вас ещё дочери?

— Да вот, — сказал отец, — осталась от покойной моей жены маленькая, глупая Золушка, — да куда уж ей быть невестой!

Но принц попросил, чтоб её привели к нему, а мачеха и говорит: — Она такая грязная, ей нельзя никому и на глаза показываться.

Но принц очень захотел её увидеть; поэтому они привели к нему Золушку.

Сначала она помыла руки и лицо, а потом вышла к королевичу, и он дал ей золотую туфельку.

Села она на скамейку, сняла с ноги свою тяжёлую деревянную обувь и надела туфельку, она как раз была ей впору.

Вот встала она, посмотрел королевич ей в лицо и узнал в ней ту самую красавицу-девушку, с которой он танцевал, поэтому он сказал: — Вот это и есть настоящая моя невеста!

СКАЗКА
4

아기 돼지
삼 형제

Три поросёнка

Волк приготовился к прыжку, щёлкнул зубами, моргнул правым глазом, но поросята опомнились и, крича на весь лес, убежали.

Никогда ещё они так быстро не бегали!

Сверкая пятками, поросята бежали каждый к своему дому.

Ниф-Ниф первым добежал до своего соломенного дома и захлопнул дверь перед самым носом волка.

— Сейчас же открой дверь! — прорычал волк. — А не то я её сломаю!

— Нет, — прохрюкал Ниф-Ниф, — я не открою!

За дверью было слышно дыхание страшного зверя.

Сейчас же открой дверь! — прорычал снова волк.

— А не то я так дуну, что весь твой дом разрушится!

Но Ниф-Ниф от страха ничего не мог ответить.

Тогда волк начал дуть: «Ф-ф-ф-у-у-у!».

Братьям стало весело, и они запели как ни в чём не бывало: Нам не страшен серый волк, серый волк, серый волк!

Где ты ходишь, глупый волк, старый волк, страшный волк?

А волк и не думал уходить.

Он просто отошёл в сторону и спрятался.

Ему было очень смешно.

Он с трудом сдерживал себя, чтобы не рассмеяться.

Как ловко он обманул двух глупых, маленьких поросят!

Когда поросята успокоились, волк взял овечью шкуру и осторожно подошёл к дому.

У дверей он накрылся шкурой и тихо постучал.

Ниф-Ниф и Нуф-Нуф очень испугались, когда услышали стук.

— Кто там? — спросили они, и у них снова затряслись хвостики.

— Это я-я-я — бедная маленькая овечка! — тонким, чужим голосом сказал волк.

— Пустите меня переночевать, я потерялась и очень устала!

— Пустить? — спросил брата добрый Ниф-Ниф.

— Овечку можно пустить! — согласился Нуф-Нуф.

— Овечка не волк!

Но когда поросята приоткрыли дверь, они увидели не овечку, а всё того же волка.

Братья закрыли дверь и изо всех сил налегли на неё, чтобы страшный зверь не смог к ним войти.

잠자는 미녀

Спящая красавица

Там, в маленькой комнате под крышей, сидела за прялкой какая-то старушка и спокойно пряла пряжу.

Как это ни странно, она ни от кого ни слова не слышала о королевском запрете.

— Что это вы делаете? — спросила принцесса, которая в жизни не видела прялки.

— Пряду пряжу, — ответила старушка, даже не догадываясь о том, что говорит с принцессой.

— Ах, это очень красиво! — сказала принцесса.

— Дайте я попробую, получится ли у меня так же хорошо, как у вас.

Она быстро схватила веретено и только успела прикоснуться к нему, как предсказание злой феи исполнилось, принцесса уколола палец и упала замертво.

Испуганная старушка позвала на помощь.

Люди прибежали со всех сторон.

Чего только они не делали: брызгали принцессе в лицо водой, хлопали ладонями по её ладоням, мазали виски душистым уксусом, - ничего не помогало.

Принцесса даже не пошевелилась.

— Чей это замок? Кто в нём живёт? — спрашивал

он у всех прохожих по дороге.

Но никто не мог ответить правильно.

Каждый повторял только то, что сам слышал от других.

Один говорил, что это старые развалины.

Другой уверял, что там водятся драконы и ядовитые змеи.

Но большинство говорило, что старый замок принадлежит великану-людоеду.

Принц не знал, кому верить.

Но тут к нему подошёл старый крестьянин и сказал:

— Добрый принц, полвека тому назад, когда я был так же молод, как вы сейчас, я слышал от моего отца, что в этом замке спит непробудным сном прекрасная принцесса и что спать она будет ещё полвека до тех пор, пока благородный и отважный юноша не придёт и не разбудит её.

Можете себе представить, что почувствовал принц, когда услышал эти слова!

Сердце у него в груди забилось.

Он сразу решил, что ему-то и выпало счастье пробудить ото сна прекрасную принцессу.

Недолго думая, принц поскакал к старому замку.

И вот перед ним, наконец, комната с позолоченными стенами и позолоченным потолком.

Он вошёл и остановился.

На постели лежала прекрасная юная принцесса лет пятнадцати-шестнадцати (если не считать полвека, когда она спала).

Принц невольно закрыл глаза: красота её так сияла, что даже золото вокруг неё казалось тусклым и бледным. Он тихо подошёл и встал перед ней на колени.

В это самое время, назначенный доброй феей час пробил.

Принцесса проснулась, открыла глаза и посмотрела на своего спасителя.

— Ах, это вы, принц? — сказала она.

— Наконец-то! Долго же вы заставили меня ждать …

Не успела она договорить эти слова, как всё кругом пробудилось.

도끼로 만든 죽

Каша из топора

Старый солдат пошёл в отпуск. Устал он в пути, есть хочет.

Дошёл до деревни, постучал в крайнюю избу:

— Пустите отдохнуть прохожего человека!

Дверь открыла старуха.

— Заходи, солдат. — А нет ли у тебя, хозяюшка, перекусить чего-нибудь?

У старухи всё есть, а солдата накормить пожадничала, прикинулась бедной.

Она прикидывается доброй, а в душе совсем не такая.

— Ох, добрый человек, и сама сегодня ещё ничего не ела, ничего.

— Ну, нет так нет, — солдат говорит. Тут он заметил под лавкой топор.

— Если нет ничего, можно сварить кашу и из топора.

— Как так из топора кашу сварить?

— А вот как, дай-ка котёл.

Старуха принесла котёл, солдат вымыл топор, опустил в котёл, налил воды и поставил на огонь.

Старуха на солдата смотрит, глаз не сводит.

Достал солдат ложку, помешивает. Попробовал.

— Ну, как? — спрашивает старуха.

— Скоро будет готова, — солдат отвечает, — жалко только, что посолить нечем.

— Соль-то у меня есть, посоли.

Солдат посолил, снова попробовал.

— Хороша! Сюда бы немного крупы!

Старуха побежала, принесла откуда-то мешочек крупы.

— Бери, клади сколько нужно.

Засыпал он крупы.

Варил, варил, помешивал, попробовал.

Смотрит старуха на солдата во все глаза, оторваться не может.

— Ох, и хорошая каша! — облизнулся солдат.

— Сюда бы немного масла - было бы вообще вкусно.

Нашла старуха и масло.

Попробовали кашу.

— Ну, старуха, теперь принеси хлеба да бери ложку: Давай кашу есть!

Вот уж не думала, что из топора такую хорошую кашу можно сварить, — удивляется старуха.

Поели вдвоём кашу.

Старуха спрашивает: — Солдат! Когда же топор будем есть?

— Да, видишь, он не готов, — отвечал солдат,
— где-нибудь на дороге доварю да позавтракаю!
И сразу спрятал топор в рюкзак, попрощался с
хозяйкой и пошёл в другую деревню.
Вот так солдат и каши поел и топор унёс!

미운 오리 새끼

Гадкий утёнок

— Оставьте его! — сказала утка-мать.

— Он вам ведь ничего не сделал!

— Но он такой большой и странный! — отвечала забияка.

— Его и надо проучить!

— Хорошие у тебя детки! — сказала старая утка с красным лоскутком на лапке.

— Все очень милые, кроме одного··· Этот не удался! Хорошо бы его переделать!

— Никак нельзя! — ответила утка-мать.

— Он некрасивый, но у него доброе сердце, и плавает он не хуже, могу даже сказать, лучше других.

Я думаю, что он вырастет, похорошеет.

Он залежался в яйце, поэтому и не совсем удался.

И она погладила утёнка носиком.

— Кроме того, он мальчик, а ему красота не нужна.

Я думаю, что он возмужает и пробьёт себе дорогу!

— Остальные утята очень-очень милые! — сказала старая утка.

— Ну, будьте же как дома.

Вот они и стали вести себя, как дома.

Только бедного утёнка, который вылупился позже всех и был такой безобразный, клевали, толкали и осыпали насмешками все — и утки, и куры.

— Ах, плавать по воде так приятно! — сказал утёнок.

— Так хорошо нырять в самую глубь с головой!

— Так хорошо! — сказала курица. — Ты совсем рехнулся!

— Спроси у кота — он умнее всех, кого я знаю, — нравится ли ему плавать или нырять!

О себе я уж не говорю!

— Спроси, наконец, у нашей старушки: умнее её нет никого на свете!

По-твоему, и ей хочется плавать или нырять с головой?

— Вы меня не понимаете! — сказал утёнок.

— Если мы не понимаем, так кто тебя и поймёт!

Что ж, ты хочешь быть умнее кота и старухи, не говоря уже обо мне? Не дури, а благодари лучше создателя за всё, что для тебя сделали!

— Тебя приютили, и тебя окружает общество, в котором ты можешь чему-нибудь научиться, но ты — пустая голова, и говорить-то с тобой не стоит! Поверь мне!

— Я желаю тебе добра, поэтому и ругаю тебя: так всегда можно узнать настоящих друзей!

Постарайся же нести яйца или мурлыкать!

— Я думаю, мне лучше уйти отсюда куда глаза глядят! — сказал утёнок.

— И с Богом! — отвечала курица.

브레멘 음악대

Бременские музыканты

Потом наши беглецы проходили мимо какого-то двора.

На воротах сидел петух и орал изо всех сил.

— Чего ты так орёшь? — спросил осёл.

— Что с тобой?

— Это я предсказываю на завтра хорошую погоду, — ответил петух, — ведь завтра праздник, и по этому случаю к нам приедут гости, поэтому моя хозяйка без всякого милосердия приказала повару сварить из меня суп.

— Мне сегодня вечером должны отрубить голову.

— Вот я и кричу во всё горло, пока ещё могу.

— Ну что ты, красноголовый, — сказал осёл, — идём лучше с нами.

— Мы направляемся в Бремен.

— Что-нибудь получше смерти ты везде найдёшь.

— У тебя хороший голос и если мы запоём хором – получится великолепно.

Петуху понравилось это предложение и они отправились дальше вчетвером.

Но они не могли в один день дойти до Бремена и к вечеру пришли в лес, где решили переночевать.

Осёл и собака сели под большим деревом, кошка на ветвях, а петух взлетел на самую верхушку дерева, где ему казалось было безопасно.

Прежде чем заснуть, петух посмотрел на все четыре стороны и вдруг ему показалось, что он видит вдали огонёк.

Он крикнул своим друзьям, что близко должен быть дом, потому что виден свет.

장화 신은
고양이

Кот в сапогах

Как раз, когда он купался, королевская карета приехала к берегу реки.

Кот со всех ног побежал к карете и закричал:
— Сюда! Скорее! Помогите! Маркиз де Карабас тонет!

Король, услышав эти крики, приоткрыл дверь кареты.

Он сразу же узнал кота, который так часто приносил ему подарки, и сейчас же послал своих слуг спасти Маркиза де Карабаса.

В то время, как бедного маркиза вытаскивали из реки, кот рассказал королю, что во время купания воры украли всю одежду. (На самом же деле хитрец спрятал бедное платье хозяина под большим камнем.)

Король немедленно приказал принести для Маркиза де Карабаса один из лучших нарядов королевского гардероба.

Всё вышло очень хорошо.

Король отнёсся к нему по-доброму и даже пригласил сесть в карету и прогуляться вместе.

Да и королевской дочери он очень понравился.

Королевское платье на нем очень хорошо смотрелось.

Кот, радуясь, что всё идёт, как он задумал, весело побежал перед каретой.

Кот так испугался, увидев перед собой льва, что сразу же залез на крышу прямо по водосточной трубе.

Это было не только трудно, но даже и опасно, потому что в сапогах не просто ходить по гладкой крыше.

Когда великан снова принял своё прежнее обличие, кот спустился с крыши и признался людоеду, что чуть не умер от страха.

— А ещё мне говорили, — сказал кот, — но этому я никак не поверю, что вы можете превратиться даже в самых маленьких животных.

— Например, превратиться в крысу или мышку.

— Я считаю, это совершенно невозможно.

— Ах, вот как! Думаешь не могу? — заревел великан. — Так смотри же!

В то же мгновение великан превратился в очень маленькую мышку.

Мышка быстро побежала по полу.

И тут кот, на то ведь он и кот, прыгнул на мышку, поймал её и съел.

Так и не стало страшного людоеда.

동화로 배우는 Level up! 러시아어

미녀와 야수

Красавица и чудовище

Но Красавица настаивала на своём: — Я никогда не прощу себе, — сказала она, — если вы умрёте из-за меня.

Сёстры же были, напротив, очень рады избавиться от неё.

Отец позвал её и показал сундук, полный золота.

— Как хорошо! — радостно сказала добрая Красавица. — И это будет их приданое.

На следующий день Красавица отправилась в путь.

Братья плакали, а сёстры, натёрли луком глаза и тоже плакали.

Лошадь быстро сама нашла обратный путь к замку.

Войдя в зал, она увидела стол на двоих, с винами и едой. Красавица старалась не бояться.

Она подумала: — Чудовище, должно быть, хочет сожрать меня, поэтому откармливает.

После обеда появилось рычащее Чудовище и спросило её:

— Пришла ли ты сюда по собственной воле?

— Да. — ответила Красавица тихим голосом.

— У тебя доброе сердце, и я буду добр к тебе.

— сказало Чудовище и исчезло.

Красавица проснулась утром и подумала: — Чему

быть — того не миновать.

Поэтому я не буду волноваться.

Чудовище скорее всего не будет меня есть утром,

поэтому я прогуляюсь пока по парку.

Она с удовольствием погуляла по замку и парку.

백설 공주

Белоснежка

Королева родила вскоре дочку, и была она бела, как снег, как кровь, румяна, и такая черноволосая, как черное дерево, и прозвали её потому Белоснежкой.

А когда ребёнок родился, королева умерла.

Год спустя взял король себе другую жену.

Она была красивая женщина, но гордая и надменная, и она ненавидела, когда кто-нибудь был красивее её.

Было у неё волшебное зеркальце, и когда становилась она перед ним и смотрелась в него, то спрашивала:

— Зеркальце, зеркальце на стене, кто всех красивей во всей стране?

И зеркало отвечало: — Вы, королева, всех красивей в стране.

И она была довольна, так как знала, что зеркало говорит правду.

Белоснежка за это время подросла и становилась всё красивей, и когда ей исполнилось семь лет, была она такая прекрасная, как ясный день, и красивее самой королевы.

Наступило утро.

Проснулась Белоснежка, увидела семь гномов и

испугалась.

Но были они с ней ласковы и спросили: — Как тебя зовут?

— Зовут меня Белоснежка, — ответила она.

— Как ты попала в наш дом?

И рассказала она им о том, что мачеха хотела её убить, но егерь сжалился над ней, и она бежала целый день, пока, наконец, не нашла их дом.

Гномы спросили: — Хочешь вести наше хозяйство, стряпать, постели заправлять, стирать, шить и вязать, всё содержать в чистоте да порядке, если согласна на это, можешь у нас остаться, и всего у тебя будет в достатке.

— Хорошо, — сказала Белоснежка, с радостью.

И осталась она у них.

Она поддерживала дом в порядке, утром гномы уходили в горы искать руду и золото, а вечером возвращались домой, и она должна была к их приходу приготовить еду.

Целый день девочка оставалась одна, и потому добрые гномы её предупреждали и говорили: — Берегись своей мачехи. Она скоро узнает, что ты здесь, смотри, никого не впускай в дом.

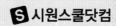